我 的 青 春 我 的 梦
全国中学生校园美文精品集萃丛书

水面清荷，圆滴韵染，一切宛如昨

那年高三那场雨

《中学生博览》杂志社 选编

时代文艺出版社

图书在版编目（CIP）数据

那年高三那场雨 /《中学生博览》杂志社选编. —长春：时代文艺出版社，
2018.8（2023.6重印）

（"我的青春我的梦"全国中学生校园美文精品集萃丛书）

ISBN 978-7-5387-5672-2

Ⅰ.①那… Ⅱ.①中… Ⅲ.①作文－中学－选集 Ⅳ.①H194.5

中国版本图书馆CIP数据核字（2018）第000171号

出 品 人　陈　琛
产品总监　郭力家
责任编辑　曾艳纯
装帧设计　李　斌
排版制作　隋淑凤

那年高三那场雨

《中学生博览》杂志社　选编

出版发行 / 时代文艺出版社

地址 / 长春市福祉大路5788号　龙腾国际大厦A座15层　邮编 / 130118

总编办 / 0431-81629751　发行部 / 0431-81629758

官方微博 / weibo.com / tlapress

印刷 / 北京一鑫印务有限责任公司

开本 / 700mm×980mm　1 / 16　字数 / 153千字　印张 / 11

版次 / 2018年8月第1版　印次 / 2023年6月第5次印刷　定价 / 34.80元

图书如有印装错误　请寄回印厂调换

编　委　会

目 录

001

最好的未来

妈妈的温柔，像海水一样

你只需要一碗热汤

003

那年高三那场雨

那天，你并没有和我说生日快乐，也没有给我一个祝福的眼神。曾经说过的好朋友呢？曾经答应过我不论我做什么都不会疏远我的你呢？曾经跟在我后面的那个傻傻的少年呢？曾经那个穿着T-shirt、蓝牛仔裤的跟屁虫呢？曾经我们有过对彼此嘲笑却亲近的专属称呼呢？心疼那个因为爱情而懊丧的大男孩，心疼那个骑车上学把手冻得发红的他，心疼那个全校篮球联赛时在球场抽筋的少年。

那年高三那场雨

小 六

　　晚上，我坐在窗前台灯下，灯光苍白带点黄。眯眼看着写不出的化学和物理，看着离我远远的生物，我发呆，目光迷离到我忘了是晚上什么时候。妈妈在旁边的床上已经睡过去，用一只胳膊遮住眼睛，挡住来自台灯的光，她的诺基亚手机放在床头。

　　被雨浇透的校服，贴着大腿的裤子，淋得凌乱的头发，回到家，雨水蒸发的温度从后脑开始向上蒸腾，当我把十根手指插进发丝的时候，明显被一种难以形容的闷热躁动包围。从心底的难过已经传到每个角落。妈妈正在绣十字绣，说她在等我放学回来或许更加贴切，我已经想好该怎么向她解释。

　　"没带伞么？"

　　"嗯。"

　　妈妈收好手上的针和绣布，躺下，把一个薄毯盖在肚子上，睡下。可是她明明看着我手上半干的伞和全湿的我，为什么没再问下去？我只是在脑子里重复那些场景，后来觉得自己已经残酷到将自己伤害很多遍，到那种明明在雨中哭，却也能被辨认出来的程度。

　　那天，你并没有和我说生日快乐，也没有给我一个祝福的眼神。曾经说过的好朋友呢？曾经答应过我不论我做什么都不会疏远我的你呢？曾经跟在我后面的那个傻傻的少年呢？曾经那个穿着T-shirt、蓝牛仔裤的跟屁虫呢？曾经我们有过对彼此嘲笑却亲近的专属称呼呢？心疼那个因为爱情而懊丧的大男孩，心疼那个骑车上学把手冻得发红的他，心疼那个全校篮球联赛时在球场抽筋的少年。

但最后，我，是一厢情愿；你，是淡然自若。只是看着你们一起上学，一起放学，一起复习，我凭什么难过。很晚很晚，自习结束后，我在宿舍呆了很久很久。陆续地大家走了，教室只剩三个人，你，她，我！然后，我走了！下楼的时候，右手抱着书，左手拿着一把撑开的伞，那把我们一起撑过的米黄色格子伞。下到一楼，雨突然变得很大，一点一滴一粒一把地掉在地上的水潭里，溅起很多水花，掉在我的脸上顺势滑下。几个很好的朋友打伞骑车经过，问我是否需要搭车，他们以为我没带伞。我把手上的伞举给他们看，得到一句"让她静静吧"。看着他们渐远的背影，莫名觉得很放松，幸好他们没多问。夏天的雨真可谓热到不行，但也还是将心冷却了下来。

拐进小巷，窄，没有路灯。稍扬起脸，就不怕摸不着路，因为有一扇窗户打破黑暗。雨只顾下着，我停在了门前，像其他晚归的忙得忘带钥匙的高三学生一样，用疲惫的喉咙嘶喊，声音并不大，但妈妈听见了。嗒，嗒，嗒，我甚至听到妈妈走在露天的院子里的脚步声。开门，上楼。

"没带伞么？"

"嗯。"

收拾衣服下楼洗澡。

我擦着头发，水不停地从发根顺着一绺绺头发滑下，凝成水珠，暂停一会儿，掉在了我的大腿上，凉！我在考虑，我要怎么办。我想起课桌上的便利贴，"不努力，就永远没有资格！"我想起你给我的纸条"对不起！"我想起刚才妈妈的反常。我想起夏天在烈日下，冬天在风雪中高空作业的爸爸……

"作业写完了就早些睡吧，记得喝牛奶。"

"我知道啦，你是已经睡了一觉醒来了么？"

妈妈没有回答我，不久传来细微而均匀的鼾声。我不知道她真的睡了没，只是我们彼此都在心里装着事。

或许有些情节适合轻描淡写，有些内容需要泼墨挥毫，我偏偏就是那种分不清主次，老想着本末倒置的人。

后来，故事就很简单了。我顶着最后几个月，咬咬牙，看着那张"不努力，就永远没有资格！"的便利贴磨出了小毛边，每天一套模拟卷；吃饭的时候，看着随身单词本；每天纠结各种物理化学，生物数学，也看着整天在我面前晃悠的你。

直到6月8号，最后一遍喊出激励高三一年的口号："为了自己，我将全力以赴；为了未来，我将无惧无畏。决胜高考，我们信心百倍！"

终于结束了和你在一个教室的尴尬，终于可以开始一段新的旅程。你，或许早有预谋，或许只是我和你真的不合适——上同一所大学，而我，终于成为原本不屑的北漂。

后来，我对于这些事也不再忌讳。

有一次，我开玩笑地问妈妈："你记得我高三那年有一次淋雨回家么？"

"记得啊，怎么啦？"

"您那次，我是说，以您的性格，为什么没有问我怎么会淋雨？"

妈妈咯咯地笑，我一头雾水。

"妈妈又何曾没有过十八岁？"

原来所有的故事都是有联系的。我没有再问，正如当年的妈妈一样。因为，我和妈妈都知道，每个女生都有一段藏起来的不便揭开的小秘密。我们只是坐在阳台上静静地发呆，旁边的迎春花枝伸出窗台，黄得那么艳丽。

每种感情都千疮百孔

冰糖非晶体

好久不见，甚是想念

立冬那天，有风，有阳光。南方的树还是一面向阳，一面不痛不痒地落点儿叶子。冬天呢，却没有几分该有的样子。

步行到车站，准备搭车回家。"陈杰？"我不确定地嘟囔一句，望着前面低头玩手机的大个子，他的校服一下被风吹得鼓当当的，拉着好友走近。"陈杰，好久不见。""嗯？"他抬头看我，"班长啊！"他好像有几分不自在，胡乱拨了下头发，"呵呵，好巧。"他的眼睛掩于长刘海儿下，不怎么看我。小学的时候他短寸头，高个，一张圆脸，初中以后到现在更是好几个月才见一次，越发高了，下巴也尖了，我毫不犹豫地吐槽："喂喂，这该死的刘海儿怎么回事？扮人妖啊？""咳咳，班长，好久不见……""转移什么话题？半年不见，啧啧……"他笑出来，甩了下刘海儿，"半年不见，你是想说我帅了？嗯，班长你倒是没变。"好友偷偷捂嘴笑，我不想再说什么，只是看他一直微侧过身，正脸没好意思转过来的样子，心里总是有几分不舒服，笑了下就准备拉着好友走了。"阿班啊，车快来了。""哦，我到前面去，不然挤不上车。"我边走边冲他挥手潇洒地往前走。心里却想他这才用了我听惯的称呼，"阿班"，听了这么多年，不会变的不是吗？

车来的时候我们硬是没挤上去，旁边的大妈骂骂咧咧，我们无奈一笑，整了整皱巴巴的校服。抬头一看，陈杰坐在窗边，瞥了一眼我们，亮出个僵硬客套的笑。我低头，他左耳的耳钉，五六颗的样子，光芒撕破我记忆中那个一笑就露出虎牙的温柔少年。果然吗，大家都变了，我何必自欺欺人，当初那些重要的人，时间才不会允许他们赖着不走呢。

来不及收拾心情，下一辆车来了，我们这回终于如愿以偿被别人挤上车了。再次"好巧"遇到东瓜，他正在关车窗，手指又粗又红，"冬瓜冬瓜冬天变成萝卜瓜"。心里默念一遍，我知道那些给我打拍子唱和"瓜瓜瓜"的人不在这里。想到刚才，我随意打了招呼就往车厢里走。如果不开口站在面前，我仍然觉得大家还有几分像从前。不要多说什么吧。

"你同学吗？"

"嗯，都是小学同学。"

"真好，我们这些读镇上中心小学的，见面跟不认识一样呢，你们看上去还是挺好的。"

"嗯，还好。过来我靠会儿，累死了。"

枕着好友的肩膀，阳光洒了一身，并无那种暖暖的感觉。你们我们的听着真烦。心里又忍不住认真起来，何止挺好呢，当初我们是好到不行好吗？当初大家热闹得不行好吗？是啊，当初。

那么，好久不见，那么，是不是相见不如怀念？

时光碎裂，回忆沿街俘虏我

跟好友打个招呼下了车，东瓜跟在我后面。一个村，上的同一个小学呢，这么久才第一次遇到。世界这么大，世界这么小。

"哎，班长。"我应了声接着走。"那棵榕树怎么不见了？""铺路。""阿婆家的花呢？""送人了。""这不是一个空地吗？怎么……""有人爱建房就建了。谁管你当初谁谁在这里玩过？鬼屋子也没了。"然后一路无言。

到家门口，我看他一眼，便要进去。"阿班，我平时不走这条路啊。太远了……那什么，走了。"我看他走远了，东瓜已经不像冬瓜了。小学毕业这三年，不是没见过，只是时间带来的是各忙各的，聚会的时候大家要么各找角落几人一团嘻嘻哈哈，要么假装深沉假装沉默寡言，渐渐力不从心。东瓜现在笑的时候，只是咧咧嘴。眼睛眯成缝的憨瓜，最喜欢挠头的憨瓜，最讨厌牛仔裤的憨瓜，最准时回家的憨瓜，骑自行车一点儿也不哼哧的憨瓜，全都是过去的样子。现在呢？他低头大步走掉，大家怎么了吗？

看着我们走来的路，风呼啦啦一下，所有记忆翻涌而出，我被击得溃不成军。

四年级那会儿，杨泓伟转来班上，我屡屡写错他的名字，"你到底是哪个hóng？""三点水那个。"于是我一边写了"鸿"在座位表上，一边说"我们有一个大伟，那你叫小伟好了。""错了。我是这个hóng啊！我不要叫小伟。"他的声音很好听，柔和不女气，就像广播站的那个大哥哥一样。他夺了我的笔，写下"泓"，他的字不好看，软绵绵没用力的样子，可我看他鼻翼已经出了薄汗。"笨……又不难写。"他又补了句，然后走开了。之后小伟这个称呼没叫开，"泓哥"倒是有人叫顺了。我常常想他那比我矮的个头，怎么会成"哥"呢。

五年级，泓伟和我彻底熟络起来。他跑步很快，跳远又好，笑起来有酒窝，背诵全文这种事，又手到擒来。我的朋友、大伟、陈杰、东瓜和他很好，QQ、网游还不流行的时候，他们会到东瓜家打跑跑卡丁车，叫上我和艺妞的话，大家会在戏台的空地先玩"三字经"和"肚子疼医生救"，然后再跑一段，到东瓜家附近玩捉迷藏，那些人家，只要我们不进到屋里藏，也只是笑笑看我们折腾。

六年级，遇到很棒的老师，体育课没有夭折，背诵完就可以出去玩，大家提前背了，在别班羡慕的眼神中上体育课。没有老师看着，大家玩游戏。我们在校园最东边的亭子玩瞎子摸人，追逐着，那年的风都会笑。丹丹抓住老曾的时候，乱掐胳膊想让老曾出声来辨认，摘下蒙眼的红领巾时，大家吹了口哨，丹丹赶忙松开手，老曾红了脸。大伟告诉我他那天戴了项链我一定认得出。我也只是记得那个干净的秋季，干净的眼睛满满干净的笑意。

还有，记得那个每次玩游戏救我的人吗？记得那个打忍者神龟笑着骂我笨的人吗？记得那个新年当众送我礼物支吾说不出什么还脸红得不行的人吗？记得那个有时打电话问完作业，慌慌张张不知道说什么也不挂电话的人吗？喂，我记得啊，那个抢走我朋友又让我女王一样继续被拥戴，一直讨厌不起来的人啊，泓伟。

世界没有理由对谁都温柔以待

我不敢说什么"听到很多人提起你的消息我的手指再也没有抓紧也没有皱眉"。我表面波澜不惊，听着母亲说到他，结语是"那么有礼貌的男生，他妈妈也是很好的，可惜了"。我没说什么，一顿饭吃得心不在焉。发消息给他的时候，他不在线。一句"最近好吗？"他很久才回。他说："非常不好。"他说："我妈上星期去世了，脑干出血。"

突然觉得我很残忍，我明知道的事还要求证。我只好说："我知道了。"

他刚转来我们班的时候，因为种种原因我知道他不堪的身份——他爸爸到重庆打工遇到他妈妈，在外面几年先后有了他和他妹妹，尽管知道爸爸的糟糠之妻还在老家福建，他妈妈过了几年还是被半骗半哄过来了。算了算，到他初一他爸爸才离了婚接他们过去住。原本他们租住在我们附近的房子已经有新主人了，而我常常想到他，不知道他好不好，会不会处处遭白眼，会不会在夜里红了眼眶。

写到这里我不知道要怎么办才好了。脑海里都是一群小伙伴挤在那间小出租屋玩闹的样子。他母亲真的很好。有和我们这里人不一样的眉眼。她戴眼镜的时候笑的话，会先抬下眼镜，大多时候是露出六颗牙齿来，我说他的笑是像极了他母亲，很温暖的。他母亲不知怎么知道了开心极了，问我还有什么像的吗？细数一下他母亲曾被大家津津乐道的优点，水彩画很棒，唱歌好听，教他书法，教妹妹唱歌和舞蹈，会和我们玩游戏，从不会赶我们走即使我们闹腾得隔壁人家都来敲门，晚上陪我们看僵尸片（应该是她提议的）……我现在还记得她给我们用洗面奶洗脸上用黑笔画的大乌龟时，专心的样子和深深的酒窝。

前几天我捏捏私藏的荷包，在淘宝给他妹妹买了一双鞋子，我妈知道后说她要出钱送她："兄妹两个第一次来我们家多有礼貌啊，阿姨阿姨叫得勤，又不闹。"她现在初一，我从她一年级看她到初一，这些年，她现在还叫我"兔姐姐"，说我两颗兔牙比他哥哥的虎牙白多了。她还记得我曾经和他哥哥都喜欢听的那首歌，她还记得我每一次带她一起出来玩他哥哥不情愿的样子，她还记得她曾偷偷用了压岁钱买来送我的项链是兔形的。她初中第一次月考考差了不敢告诉我，期中考考好了很不好意思地跟我汇报，低眉顺眼地绞手指。我那时突然如鲠在喉，她会怕她不够优秀怕我有一天对她冷漠吗？

那天接到她的电话，我吓了一跳赶忙回拨。没有大事她并不常打电话给我的，结果她很开心地说她要回来啦，来看看我就去她爷爷家。心安。

她还是会因为一点儿小事开心，这样我也不用担心她母亲去世后她会不会变得冷漠不苟言笑了。倒是泓伟啊，你这个做哥哥的不会开导妹妹就算了，怎么能丢掉了那么温暖的笑？

一个人久了会没有温度没有心

大伟，中考后窝在家里什么都没做，然后麻利地滚去职校了，以为那里没有约束没有作业没有唠叨，全是"志同道合"被放弃的孩子。现在知道了吧，哪个地方都会有很努力的人，比起随意放弃的人，真是酷多了。

可是大伟，他还是那个不知天高地厚的样子，还很幼稚地搞恶劣的恶作剧甚至被处分。毕业三年听到的都是这样的他，到底是没有摔过大跤不怎么疼吗？我大声吼他让他看看爸妈头上的白发，问他看到父母苍老的速度没有。他冷冷地看我们一眼，背过身去："班长你别鼓动大家教育我成不？说点儿别的行不？"我不知道怎么形容当时他不屑一顾的样子。风，四周都是风，他宽大的短袖长衣更显他消瘦，掌心已没有当初的温度了吧？

嗯，就是某个冬天给我暖手的那个温度，没有了吧？做完早操大伟嘚瑟地说："一点儿都不冷。"然后给我看热乎乎的手，我故意用力拍他的手，结果被抓住的时候我很错愕，他一脸正经地把我的手藏课桌里，整节课没有放开。手心的温度高得不行，狠狠烫了我一下，手心不断出汗的我让他放开，他一直没听到的样子。后来他越发认真地写作业，总是要我教他题目，然后看着我的手指动呀动画啊画的就发了呆。

初中毕业后他问我记不记得很久以前第一次玩有拉手环节的"时钟"游戏，是谁拉我的手，他问我是不是喜欢泓伟，他问我我和泓伟是不是在一起了把一堆人瞒着，他问我选择和大家不同学校有没有感到孤单。我说没有、没有、没有、有啊。最近一次聊也是中考成绩刚出来的那会儿，大家聚了不久又各自回家了，估计是他在路上转发的说说——"一个人久了会没有温度没有心。"我评论说："是你自己选择的，为什么要自己一人慢慢变了模样？"然后我默默按了删除，没有力气了啊。

每种感情都千疮百孔

阿艺有一天和我出去逛，两个大姑娘轧马路，走到村里的戏台，在外围找了石椅坐下。月光不甚亮，青色的。路灯在不远处投下昏黄的一片，暖色系。她说起泓伟："我现在觉得我的处境和他比起来，算什么呢？我还有我爸，我奶奶，从小看我长大的大伯大哥。他呢，寄人篱下，和一群并不认识的所谓亲人生活，揣测着大人的心思，忧心着生活费。"她说着说着已经哽咽，"我从小这样，已经习惯。他却……要突然接……受这样的事……我……"她把脸埋在我肩窝，呼出的热气迅速变凉，我越发觉得冷了。我们又说了很多事，回忆衬得我们越发心酸。有几个小孩子过来玩，奇怪地看着她微胖的胳膊圈着我，我们半围着一件外套。

孩子们玩开了，上蹿下跳的。那边有沙丘、砖堆，再过去有人家搭了竹架要建房。我想起那时泓伟能从一个堆腾空跳到另一个堆，两米多的距离。大家尖叫赞叹，我狠狠批他怂恿大家做危险的事……哎，听说记忆力好的人很难快乐耶。

我最近越发喜欢回忆。我想到每个人，有的分别三年了只聚会说了几句话并无其他联系。我知道初中和他们不在一个学校会疏远，醒了太久，以至于忘了时间在走，高中更是被抛下了。阿艺那天低声说："你也变了。"好像喃喃自语，可我听得真切。她一定没看到我无奈的样子，"陪着我像最初相识的我，当时你未怕累。有时候不用别人嫌弃自己也会讨厌自己。"

不要自己创造悲伤，所以我只是很想大家。有人告诉我不要惦念过去，既破坏情绪，又没有意义。所以是不是只有我在怀念？时间会咬人，你不走就满身伤痕。我只是好怀念。

一切都会好的。我们中有人考进了喜欢的学校，有人做起了网络代购，有人打起了工，都很努力地生活。回忆这么长这么长，可是不努力往前走，总回头有什么用。

011

我们的故事，写书人怎明了

羽　沐

去年的这个时候我用了一张好大的纸写着"我们要一直一直在一起，像安之和七春一样"。那张纸是我抢了妹妹的素描纸，大得不像样子，用马克笔写完大大的字以后又一点点描黑，差点把自己累到吐血。写完以后，我用手机照下来发给你。你笑我，怎么还这么矫情？

安之和七春是我们都喜欢的一本书的主人公，七春性格豪爽不羁，安之恬静沉默，两个性格迥异的女孩儿却在学校里成了最好的朋友。我和你说，你就像七春一样，傻得可爱，你拆我的台说："可你一点儿也没有人家安之文静。"

我只是笑，不置可否。我早已经习惯了你的毒舌，知道你只有对熟悉的人才会说话不留情面。

有时候我觉得，网络真的是个蛮神奇的东西，就好像我在吉林你在四川，我们照样成了关系要好的朋友。

刚认识你的时候是在一本青春小说的读者群里，群里阴盛阳衰，你装成个汉子到处拈花惹草。后来还是我去你空间闲逛的时候才不小心发现你其实是个妹子的事实。我嘲笑你是女汉子。你说人生苦短，何不肆意而为。单凭这句话，我一下子就爱上了你这豪爽的性格。

那时候我们都在群里接到了写书评的任务，那是我第一次接触书评，像个小白一样本本分分地写出了一篇读后感发给你看，洋洋得意地等着你表扬，你看了以后毫不留情地说，真没见过写得这么烂的。我当时坐在电脑这边都快哭了，你却喋喋不休地把我书评里的内容逐字逐句地修改，然后告诉我说，这才是写书评，又让我返工。等我重新写好了以后已经是凌晨一点半，你的头像早就暗下去了。我在空间发了个动态说终于把书评写完了，你的消息不到三秒钟就响起，让我把修改好的书评给你看。

我这才知道，你一直等我到现在。

后来我们一起进了书评组，你知道我是高三生以后和我说，没事，你安心复习，如果有书评任务我就通知你。

你在群里的ID叫"君以山河"，一听就很霸气，只有看过你的照片的我知道，你其实很美很仙，有一种南方人的秀气。但为了不在群里暴露你的女生身份，我从来都只是"山河，山河"地叫，致使最后分开了我都不知道你的真名叫什么。

是的，最后我们分开了，即使我有一万个伤心，我们还是分开了。

虽然我们吵过很多次架，拌过很多次嘴，可每一次我都有恃无恐，因为我坚信我们不会分开，就像安之和七春，哪怕吵得再凶，也总不舍得放手。

直到某一天，我的好友列表里突然没了你的账号，无论是读者群还是书评团全部收到你的退群消息，甚至连打你的电话都一直是忙音。那时我才真正慌了神。我不清楚是什么事让你这么心灰意冷，删了我的所有联系方式，从此老死不相往来，明明一个星期前我们还通过电话、短信。我一页一页地刷QQ聊天记录，心想怎么突然就变成了这样。

直到有一次和一个同在群里的朋友聊天，她无意间说的一句话才让我恍然大悟。她说："你对山河就像自己的孩子一样，占有欲太强。"

我想反驳，可竟然真的是无言以对。我回想起来，你我之间的几次争吵都是因为你不回我短信不和我说话甚至对我不冷不热。我终于懂了。

从那以后我开始很少上网，有一段时间很消沉，在任何地方甚至是包装袋上看到有"山河"这两个字的时候，都会觉得自己难以呼吸，好像马上就要死掉了。电脑里还存着各种做粥的方法的文档，那是你在某天晚上说自己胃疼想吃粥又不爱做以后，我在百度上一条一条整理下来的各种有营养又好做的粥的食谱。

后来有一次我在微博上看到了一句话，说真正放手的人只会在一个风和日丽的午后，穿上一件外套，一声不响地离开，然后再也不会回来。我看完这句话后觉得胸腔里面撕裂一样的疼痛，却没有流一滴眼泪。我把这句话转载到我的微博，并附上一句"再见"和一个笑脸。下面有不少人都或真心或敷衍地安慰我几句，有两个关系不错的好友甚至私信给我，询问状况。"山河"这个字眼不停地出现在我的视线中，我都一一回复，我还好。

正当我回复完所有的私信时，一条评论猛然跌进我的眼瞳——安好。用户ID赫然是"君以山河"。我久久地在电脑前发呆，终于缓缓地打下一段回复：我还好，你也保重。

点击发送以后，我突然觉得，内心竟然是前所未有的畅快。那个时候我才知道，我终于，也是放下了。

我曾后悔过很多事，可唯独这件事，除了唏嘘，并没有丝毫的后悔，你或许也曾埋怨过我的霸道，我或许也曾伤心于你的默然，可我们终究只是彼此的一个停靠站，并非终点，就像两条相交线，在一个点上尽情地相拥，然后再也不相见。

而真正放下的时候，哪怕你有那个人所有的联系方式也不会说一句话，听到关于这个人的消息，也无非就是云淡风轻地笑一下。越是大张旗鼓地折腾，就越是没有放下。

哪怕多年以后再聚首，也无非只是点头之交，充其量再说一句，嘿，好久不见。

四月是你的谎言

锦　鳞

那是一种怎么样的心情呢。

走廊上静悄悄的。窗外清脆的鸟鸣声不断。有阵阵的微风吹过。阳光洒在走廊上，通过树叶的点缀，在地上形成了一片片的光斑。

那应当是一种非常闲适的心情吧，可为什么我一点儿都感觉不到呢。女生站在阳光中，整个人被笼罩在一片光芒中，肩线和发丝都伴着温暖的微光。

她的目光，落在走廊那侧的那个熟悉无比的身影上。

那个我曾追随了多久的身影啊。女生抿了抿双唇。

而那侧的男生，正拍打着篮球，与好友嬉笑着向女生的方向走来。

不用片刻，他就能看到我了。女生注视着男生。

"刚刚那个扣篮真是厉害啊。"刚刚打完球的两个人带着一身热血从球场回来，而好友带着佩服的神情回味着片刻前的那场比赛。

男生拍打着篮球，挑了一下眉："嘿嘿，是因为你扣不到吧。"说完还吹了一声口哨，脸上带着戏谑的神情。

"喊。"好友不屑地回应男生一个语气词，接着伸手拍向男生手中的球。

男生手中的球被好友迅疾的手拍掉："你个小子。"他向身前跳了一步，敏捷地将球收回手中。抬头瞬间，不远处一个被阳光所笼罩的身影吸引了他的注意力。

是女生。

男生注视着她，微微眯起双眼。每日都会见的身影，每日都会认出的身影。男生运了一下手中的篮球，原来是她啊。既而对上她的目光，对她笑了笑。

像是咬了一口的酒心巧克力，内馅浓浓的酒心迫不及待地涌出，巧克力的甜味与酒的醇味在心中交融，醉人心脾。

感受到男生的目光，女生顿时慌乱地把目光移开。

她伸手将被风吹乱的刘海抚平。女生想起来，男生曾经有一次帮女生把散落的发丝挽到耳后，男生的手指细长而温柔，像现在，这四月的微风。

男生已来到了女生的面前。和任何有阳光的午后一样，和任何有微风吹过的午后一样，男生也和任何一个打完球回来的午后一样，经过这条走廊，时不时会遇到女生，然后朝她笑一笑，或是一句平常的招呼问候。

"怎么一个人在这里呢。"男生笑着把他手中的球扔过去给女生。

话语的末尾，不是问号，而是句号。女生稳稳地接住了男生扔过来的球，仍在思索着男生语句末端的语气，可是怎么样也得不出一个结论。她呼一口气，嘴角扬起："在等你啊。"带着一种充满复杂意味的笑声，却又戛然而止，女生接着拍打起球来。

一下。

"咳，因为，有些事想和你讲。"

两下。

女生不敢看着男生的眼睛，只好一直盯着手中的球，装作认真来掩饰尴尬。

三下。

男生身后传来起哄的口哨声。他看着面前女生的刘海，女生的身高刚好到男生的肩膀处，他看着她梳妆整齐的头发，像是明白了什么一般，收起嬉笑，静静地等待着女生接下来的话语。

四下。

女生仍旧低着头。有一大朵云飘到了太阳下，阳光开始暗了下来。

五下。

云的飘移将阳光洒到了男生手中的矿泉水瓶，瓶中的水在阳光下熠熠生辉。又是哪个女生给他送的水吧。女生抿着嘴，被瓶中的水反射的亮光刺痛了双眼，她眯了眯眼睛，待她再睁开眼睛时，却发现视野变得晶莹起来。

六下。

"我……"我每天都追随着你的身影，可是却仍觉得可望不可即。

七下。

男生的面庞被阳光裁出分明的棱角，像一尊石像，静美却温暖。

八下。

我每天都在走廊上闲晃，同学问我怎么这么喜欢跑出来，我说因为想出来休息一下啊，但其实不是的，我只是想看看，能不能又见到你。

我也还记得有一次，我从楼梯口拐入走廊，平日将你视作第一焦点的我这次却没有发现身后的你。我只感受到有人追上我，在我身后轻轻地说了一句，怎么又见到你了呢。声音低沉带着磁性，我知道那是你。

还有。还有。

话语被哽塞，鼻音变得沉重起来。女生重重地吸了一口气。

九下。

在我喜欢你之前，所有的遇见都只能叫做巧合，而在我喜欢你以后，所有的巧合都被叫做预谋啊。女生把反弹回来的球重重接住，抬起头来，像是用尽了身体所有力气，把球重重地朝向男生扔去。

"我，喜，欢，你。"

四个字，女生花了篮球落地的九个瞬间，如释重负地说了出来。

男生敏捷地做出接球的动作，可当女生抬起头的瞬间，他看到她那带着少许泪光的双眼，心跳忽然漏了一拍，球从他的手心跌落到地上。

十下。

男生没有俯身捡起球。时间就像是静止了在那一刹那，女生不敢大气地呼吸，她的余光飘到了走廊外的樱花树，树上的花瓣悠悠地飘落，却停在空中。

篮球在地上跳动了好几下，男生的心跳也随着它律动。最终，男生松下了双肩，木然的神情被换成春日里的阳光，如平时一样的笑容："哎，愚人节快乐。"

那瓣樱花瓣最终还是落下了。飘飘悠悠，被微风带着，越过女生无数次幻想着靠下去的肩膀，最终落在了女生的眼前。那一刻，她的目光有些空洞。

又一阵风吹来，樱花瓣的影子被拉长，女生也重新被阳光所笼罩。发丝被吹动，逆光的女生伸手将发丝挽回耳后，抹了抹眼睛，也露出了一个平日的笑容。

"嗯，愚人节快乐。"

樱 花 少 年

潘云贵

阳明山上开满樱花的时候，去看花的人好多，电视上每天总会有一两个台在报道。

你知道的，我不会去人多的地方。我会等到人少的时候，虽然有可能，只会看见樱花凋谢，但这一直是我的性格。

街上的小贩开始卖马蹄莲，洗得很干净，装在竹筐里。也有上了年纪的阿婆戴着花头巾，蹲在地上卖山竹。山竹很坚硬，应该是最新鲜的。只是你不在，我就没有买。

我喜欢凤梨、提子和芒果。马蹄莲和山竹是你喜欢吃的，带着山间土壤最清香的气息。

这个季节，白天温度适宜，到了晚上或是雨天还是有些凉。

我一直是个神经很大条的人，对气温没有防备，不会及时加衣服。有几次打了喷嚏，都很担心会不会感冒生病。毕竟是在台湾，外地人无法享受本省的医保政策，我们只是买了学生保险，得了小病又不想去报销，所以一直以来都跟自己说，身体要健康，别生病。

日常也会进行体育锻炼，绕着东吴大学的操场跑上两三圈，旁边是篮球场，很多学生在打球，都是一群清瘦的男生，穿着松松垮垮的运动套装，天冷的时候球裤里面还会套一条黑色紧身裤，腿变得好细好细，这样的打扮，我看了好几次才逐渐习惯。

到了4月下旬，我终于跑去阳明山看樱花了。周五，白天，虽然人也很多，但数量已无花刚开时那样壮观。绵延的花树，坠着冉冉的樱云，一排一排铺着，通向很远的地方。但因为来得有些晚了，很多樱花的颜色已不如之前好看，花瓣也脆弱起来，不禁风吹。

风一来，枝叶乱颤，樱花纷纷落地，堆砌如雪，好像破败的爱情，无可挽留地离开。我尽量看着地上，小心翼翼地行走，避开落地的樱花，素瓣凝香，真想它们能一直留住自己最美的容颜，真想你能看见。

我经常庆幸一件事，就是没有和你谈恋爱。

一直只是暗恋你，如樱花的颜色，你应该也知道。

跟你做同桌，很开心，虽然不足一年，但记忆却一直没有断过。你白皙的面庞、骨感的身体、经常学我说话的语气、捉弄我并且得手时的奸笑，总被我反复铭记。

高二分开，你在七班，我在十二班，每天晚自习结束，特地跑到你班上去等你，有时怕别人问起，我就特地找了个认识的男生，坐在他旁边，假装在等他。你应该知道，却每次故意比我先走，而且还是和其他男生，打打闹闹，离开。你不知道我为此难过了好几次。

后来，我也不等你了，换成在你走后，悄悄往你抽屉送东西。糖果、圆珠笔、笔记本甚至连茶叶蛋都送过。

有一次是听班上女生说原来我们学校附近的山上有种樱花，我就按照她给的路线跑到山上摘了好多回来，夹到书页里，压了好多天，然后放进一封信里给你，不知道你打开了没有，是不是看到了。

要跟你说的是，那不是樱花，是桃花。我们班上的那个女生不知道是不是想捉弄我，就骗了我。

送信的那天晚上，惊心动魄。整座教学楼灯都灭了，天很黑，我带着一种恐惧感摸进你们班。后来保安来巡视，我的心都提到了嗓子眼，有生以来第一次钻进了教室后面放扫帚撮箕的壁柜里，真怕自己的喜欢会连累你。

现在你可以把这些事情当成笑话来听，我会陪着你笑，一起笑十七岁时的我们。

那些被当作樱花的桃花，此刻还在吗？

在不在都不要紧，如果下次还能再碰见你，我要给你真正的樱花，是从阿里山摘回来的。

阿里山在台湾算是海拔很高的山了，所以山上的樱花开得要比台北的晚一些。

起初只是想去坐阿里山的小火车，感受复古的趣味。透过车窗，看见沿线的樱花开得繁盛如锦，风起，柔软的粉色花瓣便纷纷扬扬落到窗前，隔着玻璃贴着我们的脸颊又旋即滑下。一车的人在花树下兜兜转转，像迷路又不急着找出路的看花人。

在电影《陪安东尼度过漫长岁月》中，有一个叫小樱的女孩儿，是男主角安东尼的初恋，一直都在勇敢追求自己的情感和理想。我好喜欢她留着刚刚过肩的头发、撑着一把透明伞、脸上笑容绽放的样子。她对安东尼说了一句话："不过想到有一场是在等着你，还是挺期待的。"

我把这句话前后放了七八遍，每次听心里便暖暖的，好像看见满树樱花飘落，一个女孩儿站在树下对我笑。

如果记忆有声音，我最想听到的是你，说出这一句。

现在，我们之间都很少联系。

最近一次和你说话，是自己在做《亲爱的，我们都将这样长大》这本书宣传图的时候，我把微博链接发给你，连要你转发的事都没提，只是希望你能看见我拍的图，写的话，没想到你竟然为我转发了，而你的上一条微博内容是一年前贴的。

即便这样，我也不敢多想，我深知我们之间只是同学一场，清水交情，没有太多交集，如戏散后，你往东，我往西，过往的岁月也只是我一厢情愿的相思。

你现在一定比从前更优秀，对吧？

　　我还在学校里，一个人，愣头愣脑，过着日子。一直以来都没有想过有一天自己竟然会走到现在这个尴尬的年纪。

　　想起王安石的《示长安君》："少年离别意非轻，老去相逢亦怆情。"

　　不知道自己老去的那一天，可有幸再遇见你?

　　好想过白痴一样简单而天真的生活。

　　好想回到那年的寒假，在长乐城关。

　　你穿着很滑的黑色皮衣，脸上几颗青春痘，皮肤还是那么白。我们说完再见，我目送你上了车。师傅把马达开到最大，车轰隆隆开走了。你的身影越来越小，永远地成为我记忆中的线头，只要一想起，一拉，就牵扯出所有与你有关的时光。

　　山上樱花开遍，多希望你在。

走啊，去大理

恽　恽

整个课间都在和同桌讨论《中学生博览》TFBOYS的封面和喜欢的写手。在快上课的时候也没有停下来的意思，直到后桌的班长用笔轻戳我的后背，刚转头要问他怎么了，在瞥到他的脑袋后悻悻地转回头。

我知道他的意思，不要再说话了上课了。

这班长也是腼腆的班长，他维持秩序前要纠结半分钟，然后再站起来用超级温柔的语气说"大家先不要说话了，拿出书来看看吧"，我觉得他好客气喔，但是这么客气的话都能让班里变得安静，是件很神奇的事，所有人都开始埋头刷题。偶尔有不安生的，他就将意愿传达到不安份子的后桌那里，使其用笔轻戳不安份子的后背。当然我经常是不安份子。

在看着高一的学弟学妹被军训摧残得脸部黝黑，皮肤粗糙，但依旧双眼放光的时候就想到了刚入学的自己，带着一股初生牛犊的劲，怀着希冀踏进了一班，处处是大神的一班。渐渐地我发现我好像没那么积极了，想着反正都是这个样子，一杯水未满半杯水晃荡。混着混着日子日子就把我给混了。班主任说这是平庸心态这是懦弱，这是自以为聪明一学就会其实根本就不敢尝试。

怎么可能呢。

可是我总在想凭什么啊，凭什么要这么压抑自己，我干吗要五点起床十点睡觉每天重复同一个节奏，读书本来应该是一件多快乐的事，可现在变得如此被动让人躲不过去。

然后在去学校到现在的一年半里，我过得确实挺滋润。看漫画上网听歌，上课发呆下课睡觉。成绩跟过山车似的一次次挑战极限，闹得我七大姑八大姨都为我着急。看起来满不在乎实际上心里难受啊，想着下次一定好好学我要补回来，结果都是止步于想想而已。

像是站在一道悬崖的边缘，退一步就是深渊。前面有一条名为读书考学的路，可这条路会动啊跟传送带似的一个劲儿地往悬崖下面运东西，你站着不动，就会掉下去，就只能往前跑啊跑啊的。我就是跑了会儿歇了一下啊，结果就到了悬崖边上。我想走别的路，抬头一看发现全是山喔，要开辟出一条道路好难啊，我就又泄了气。

不管我怎么厌恶学校的教学模式，年级前五名还是在暑假的时候去了北大清华观光感受，每次开会年级主任还是会说前十名到我办公室去一趟，下面一片唏嘘。

但是我不允许我的远方因为我的无法忍受和懒惰懦弱而变得模糊，变得无法触碰。

我太渴望出去看一看了，从北到南，从白雪到绿水，从大河到山川，坐着轰隆隆的火车穿过山间隧道到另一个城市。然后再带着自己的成长回到家，给爸妈一个拥抱，看啊，你女儿可以让你很骄傲。

咸鱼要翻身，我怎么着也得打个滚儿再爬起来啊。

班主任说下次月考进步大的会得到她友情赞助的暖手宝，年底期末考试成绩优异者会得到奖学金。

昨天夜里的梦中是绿色的草原和奔腾的马。凌晨梦醒之后就再也睡不着，脑海里全是那满眼的绿色。

一梦醒来，渴望更浓。

所以在班长戳完我后背之后，我把《中学生博览》放回了课桌换成练习册。走好了一条路，才能摸索另一条路。

郝云在歌里唱"是不是对生活不太满意，很久没有笑过又不知为何，既然不快乐，又不喜欢这里，不如一路向西，去大理，路程有点波折，空气有点稀薄，也许故事正在发生着"。

　　不过，总得先拿到暖手宝吧！

没有梦想，何必远方

若宇寒

我一口气可以说出很多和梦想有关的句子。

"梦，唯有经历现实的考验，才有资格成为梦想。"

"那些在黑暗中摇摇欲坠的梦想，总有一天，会开出最美最耀眼的花。"

"梦想不会逃跑，会逃跑的永远都是自己。"

以及我很喜欢的那句——没有梦想，何必远方。

一直以来，我都有很多很多的梦想。

两岁的时候，我喜欢吃"唐僧肉"，那时候的我总是在想，我如果是零食铺的老板该有多好，那样的话，我每天就有吃不完的"唐僧肉"了呢。

五岁的时候，过年，看见妹妹穿着花裙子在亲戚面前跳舞，大家都夸她漂亮。我就气鼓鼓地去扯妹妹的裙子，然后嘟着小嘴说，我也要穿裙子！妈妈一记铁拳砸了上来，说，你是男孩子，不能穿裙子！那时候的我在想，如果我是个女孩子，那该有多好啊。

七岁的时候，突然发现自己竟然有严重的口吃，总是"我……我……我……"很久才能说出一句完整的话，导致我的性格开始变得内向，不爱说话，连举手回答问题都变得不敢了。看着电视上的主持人妙语连珠，侃侃而谈，我在想，如果我也能连贯地说话，并且自信满满，那滋味该有多棒啊。

现在的我，在教室里开过零食铺，在淘宝开过零食铺，算是完成了两岁时我的心愿；去年班级汇报演出的时候，我也勇敢地穿上裙子进行了反串表演，并且赢得了掌声，虽然我依然没有变成女孩子，但也还是穿上了五岁时的我梦寐以求的裙子；如今，我不仅说话不口吃，读书之余还会去接一些商演主持活动丰富自己的主持经验，以及攒点儿小钱儿。

我想，当年的我一定没有想到那时候我的随便想想会变成现实。

读初一的时候认识了阿威，放学的时候凑巧遇到，一聊，发现住得很近，于是就成为一起玩耍的好伙伴。

阿威不爱说话，多半是我在说他在听，他总是穿着一身阿迪达斯的运动装，背着双肩包，耳朵里塞着随身听。十二三岁，正是情窦初开的年纪，每天我都会收到几封粉红色的情书，当然，这些情书不是给我的，而是让我转交给阿威的。

阿威和我住得很近，每次在岔路口分开时，他都会酷酷地跟我说一声明天见，我回给他一个笑容，然后往小区的方向走。有一次，我问，阿威，你的家究竟在哪里呀。他指了指百货商场旁边的那栋楼房说，就在那里。

我想，跟我家的小区差不多嘛。可是直到一年后，我才知道，那整个小区，都是阿威的家，他的爸爸是房地产公司老总。

初二时，阿威的脚受伤，我也非常幸运地蹭上了他家的车，那是我人生中第一次坐宝马。

第一次吃榴莲是在阿威家吃的，第一次在现实中见到佣人也是在阿威家。初中三年，因为阿威的缘故，我见到了很多我以前没有见到过的东西，感受过以前从来不知道的生活。

后来想想，阿威应该是我认识的第一个富二代，只是那时，我好像还不知道"富二代"这个词。再后来，我进入了普通的高中，阿威去了新加坡。高中就出国留学，在我看来，真的是很洋气。

前几天，我的微博突然弹出一条私信，是阿威发来的，他喊我去看《小时代》，他说记得我初中的时候喜欢郭敬明。我回了他一个字，好。

电影开始之前，我们坐在休息区，他去买了两个冰淇淋，我记得一个好像是三十八块钱，因为我以前在那家冰淇淋店打过工。打了几个月工却从来没有吃过一次，这是第一次吃。我倒要尝尝进口冰淇淋比国产的好吃在哪里。

几年没见，阿威越发的帅气，也变得会打扮了，他穿枣红色的衬衣，提着花色的单肩包，好像是G开头的那个品牌。他变得健谈了，跟我说了他在国外的生活，说了他爸爸新开发的项目，然后，他向我吐槽，说不喜欢驾校的教练，去了一周就没去了，我问他，钱怎么办，他无所谓地说了句"没事，才三千多而已"。

他说三千多而已的时候，我正在纠结充话费是充二十还是三十。

看电影的时候，电影里充斥着各种各样的名牌，展示了一出上流人的生活。阿威说，罗马一点儿都不好玩，郭敬明为什么要去那里取景。我在心里想，我连国门都还没出过。

我果真很爱国。

晚上回到家，我发了一条微博：当你还在为充话费充二十还是三十纠结时，别人交了三千多的驾校学费因为不喜欢教练就不再去；当你在为接一场活动可以赚几百块而沾沾自喜时，别人的项目动辄盈利几百万甚至几千万。生活从来就不是公平的，但是幸福却可以自己把握。活出自我，照亮星球。晚安。

在那一刻，我突然有了新的梦想，我想我可能一辈子都不会比阿威有钱，但是我想我可以活得比他精彩。

当然，梦想不会投怀送抱，所以，我在前进的路上。

那么，你呢？

你 的 青 春

松 鱼

教室里充斥着二氧化碳的温暖和莫名的紧张气氛。黑板上用鲜红的粉笔刻意提醒着"距会考还剩5天"。那个红色的数字被格外加深，凶恶地盯着每一个低头苦战的同学，好像下一秒就会活过来一样。

仿佛又回到了那个距中考还有5天的深夜。

我躲在被窝里偷偷给你发简讯，告诉你"我压力好大"，"考不上高中我死定了"之类不痛不痒的话。

我承认我只是想和你多说一些话，引起你的注意罢了。

你耐心地"开导"我，表示愿意给我补课圈重点，保证我中考不落榜。你突如其来的热情让我不知所措，我盯着手机屏幕许久，突然就觉得无趣了。

"算了，不劳烦沈学霸大动干戈，我这个鼠辈还是洗洗睡吧！"

手机提示短信发送成功。

毕竟你也是一番好意，我这么说你会不会不开心呐？

手机握在手里再没有动静。我一边安慰自己一边猜测你可能睡着了，而不是生气了。

数学课。

我趴在桌子上，厚厚的一摞书刚刚好遮住了我，于是我把手机放在桌子上。数学老师是个尖酸刻薄的老女人，她操着一口乡村翘舌普通话意有所指地说："有些同学，要中考了还能若无其事地玩手机，不认真负责地对待自己就是在浪费青春、时间、精力。在学校混日子白白挥霍父母的血汗钱，连书都读不好谈什么将来，能有什么出息……"

唉，我不能让她继续说下去了。

我从座位上"咻"地站起来，笑嘻嘻地说："老师我头痛，可能没办法上你的课了。"老师脸色铁青，明眼人都看得出我是在挑衅她。

你在桌下拉了拉我的衣服，示意我不要惹她。我无所谓，挣开你的手，收拾书包扬长而去。装作没听见你那一句"你难道不想和我同校吗？"和一声儿不可闻的叹气。

臭小子，你就不能说得大声点儿吗，这样我就没办法装作没听见啦。还有你那叹气什么意思，瞧不起人吗！那好，我努力给你看，我这天才脑袋可不是白长的！

那时候我坐在双杠上，抬头仰望万里无云的天空，手中的冰激凌一滴滴地融化。

我真的偷偷努力了，在你没看到的地方，我死心眼地认为临时抱佛脚对于我这种半吊子百试百灵。

但是我落下太多功课了，中考的成绩并不好，估摸着最多也只能上个二级高中，而且已经是超常发挥了。

半个月后回学校填志愿，你叫住我，你笑着说半个多月不见瘦了很多嘛，还开玩笑说大饼脸都要变成巴掌脸了呢。我扯出一个大大的笑："那是必须的啊。"

你沉默了一会儿，拿着毕业照盯着我的眼睛，我见你欲言又止，心里隐约猜到了你要问什么，果不其然，像是斟酌了很久："拍毕业照那天你怎么没去呢，班主任找了你好久都没见到你，去你考场都等不到你，那天，你去哪儿了？"

我装作一脸轻松，心不在焉地说："那时候我走了吧。"我转身欲走，天知道我不想敷衍你又不得不敷衍你。

那天我出了考场后，习惯性地翻出包里的手机，按亮了屏幕才惊讶地发现，我足足有十多个未接来电，全是姐姐打来的。

我心里预感到什么，手指颤抖地回拨了回去。

电话几乎是立马被接起来的。

姐姐镇静地对我说："我现在在民政局，你考完了就过来吧，爸妈……要离婚……"

刺骨的冷意从心里冒出来，蔓延至全身每一个细胞。

挂断了电话，我一路狂奔向民政局，天晓得我没有忘记拍毕业照的事，我甚至无比清楚地记得和你约定好的，两个人一起单独合拍一张照片。然后我的心情会很好，把书包里的那个手枪形状的礼物送给你。

但是，现在恐怕我要失约了。

于是，那一天，在你们的欢笑和我的一哭二闹三上吊中结束。

爸爸把房子留给了我和妈妈。"算是对你们的补偿。"爸爸对我说。而爸爸带着姐姐去了外省。

我没能阻止家族破碎，我一直以为爸妈的吵架总有一天会结束，他们只是心烦意乱，但是他们还相爱着。至少是个完整的家庭。我一直以为守护的东西还在。

我想也许是我的错。我脑袋笨，学习很糟糕，我的成绩总是让他们摇头叹气，爸爸怪妈妈没有好好管教我，妈妈指责爸爸从来不关心我的学习状况，因为我，他们又吵架了。

我也不该在那个时候和他们怄气，摔门而出。那时候如果我能态度好一点儿，认真地向他们认错，并保证努力学习，也许他们不会再继续生气，怪罪对方。

安静的房子里，再没有爸爸为篮球赛的喝彩声，没有妈妈在厨房里的锅碗瓢盆的声音，也没有姐姐做作业时轻声哼唱的歌曲。

只剩我的哭声和妈妈不知所措的叹气。

我试着挽回，我乘着火车来到爸爸的住处门口哭了一整夜。爸爸和姐姐不停劝我，我不肯动，只是不停地哀求着他们和好，我坚定地认为这只是他们一时的冲动。

爸爸摇着头，订了回家的火车票要我回去。第二天，姐姐送我到火车站，她拥抱了我。

"对不起，小鱼，姐姐爱你，爸爸妈妈也一样。即使他们不相爱了，那也不代表他们会放弃你。"

我一言不发。

只有我一直沉浸在安逸里，唯恐天下不乱，我迟钝地发现，原来一切早已脱离正轨。

我在动荡的火车厢里沉沉地睡着了，我相信，只要我醒来，一切都会柳暗花明。

看到妈妈来火车站接我的时候，她红肿着眼，想必也是一夜没睡。她哭着抱住我。

我回抱着她，我突然发觉我的身高，足以看见她偶尔冒出的那几根白发。我决定啊，我一定要让那几根头发黑回来。

我勉勉强强上了二级高中。妈妈戏称是我幸运地搭上了末班车。

我把头发剪短，终于肯戴上眼镜，换了穿衣风格，重新做一个新的自己。

我变成了像你一样的好学生，你应该会为我开心吧。

我们自从毕业就失去联系。就连填志愿那天最后一面，也被我仓促地画上句号。

我们依旧在同一个城市里，却没有再见过面。有人说，没有缘分，即使住在同一个城市里也再没有机会见面。

有些话时候一过，就没有再说的必要。就像一直放在书包里的小手枪模型，已经失去了原来的意义。

我在毕业照里缺席，也缺席在你以后的青春里。

于你而言，我就像划过夜空的星星，至少有那么一瞬曾真实地存在过。

彼时花开彼时梦

小圆子

校园里的木棉树上点缀着一朵朵木棉花，红花楹树也开出了火红火红的花，远远看去，炽热而猛烈。似乎只是一瞬间，我们就要毕业了。

每次发试卷时，班里总有那么几个同学，顶着大大的嗓门儿喊："每人一张就够了，不要贪心不要抢！"接着就会遭到集体鄙视。老师看着我们刷题时不情愿的表情，竟然还笑嘻嘻地说："那是你们的毕业礼物，以后就没机会送了。"

同桌小Z是一个很可爱又执着的小男生，传说中他从小学六年级到初三喜欢一个女孩儿喜欢了三年。那个女孩儿成绩很好，在C中读书，为此他很努力，想要高中的时候和那女孩儿考同一个学校。记得那一次我没有带化学书，向他借时发现书里写了好多暧昧的句子，诸如"××，我很想你""我要和你一起上大学"之类，我噗嗤一声笑了："怪不得你这样动力十足啊！"他抢过自己的书，有点儿不开心："以后不要随便借我的书！"我摸着他的头，学着大人的语气，语重心长地说："孩子，这没什么，早恋是正常的，不要太在意，有动力是好事。"他不理我，专心写作业。我摇着他的手臂："小Z，不要生气啦，我保证会保密。"然后楚楚可怜地看着他。过了一会儿，他忍不住笑了："圆子，你真是逗，不要用那种幽怨眼神看我，我没生气啊。"

然后又笑嘻嘻地把化学书递给我。

临近中考的那几个星期，轮到我和小Z值日的时候，他突然一反常态，很主动地去倒垃圾、提水。从初一开始，每次值日他都会和我讨价还价："你去倒垃圾，因为我早上倒过了，下午轮到你。""你去提水，因为我刚刚扫过地了。"我一脸鄙夷地看着他："小Z，你是不是男生啊？这种粗活不应该是男生来做吗？"他总会自动过滤掉我的话，匆匆忙忙地打扫完，捧着篮球消失在班门口。所以对于他主动倒垃圾提水这事我感到十分惊讶，结果他给的答案那么厚脸皮："我一直都是雷锋叔叔的化身！"

志愿表发下来之后，整个班沸沸扬扬。闺密熊猫说："圆子，你报考A中吧，你的成绩肯定能上！"我犹豫不决："可是我报考A中的话，你怎么办？"闺密沉默了几秒："我爸说我的成绩不好，叫我直接读中专读完出来打工。"我睁着大大的眼睛："怎么可以？你说服他啊，跟他说你想读高中啊。""没用的，他就是不同意。"熊猫露出很失望的表情。"你的决心还不够坚定，再试试吧，你可以的，不管怎样，一定要读高中，证明给你爸看，你可以学得很好。"我握着熊猫的手，给她一个坚定的眼神，"我一直都在你身边！"熊猫泪眼汪汪地看着我，点了点头。

两天后，我收到了熊猫的好消息，他爸爸同意让她读高中，只是表示，如果考不上高中，后果自负。我默默地在志愿表上填下了我的母校——B中。熊猫好奇地看着我："圆子不报A中吗？"我看着她："因为我还要和你一起上学，一起回家啊。""如果我考不上呢？""别想太多，我以我的人格作担保，你绝对考得上。""可是你人格不怎么好耶。"我瞪了熊猫一眼，熊猫给我一个大大的拥抱："圆子，谢谢你。"

上交志愿表的那天，我看到小Z的志愿也填了B中，我戳了戳他的手臂："你不是要报A中吗？""我也想啊，可是我喜欢的女孩儿报了B中。""你喜欢的那个C中的女孩儿不是报了A中吗？"我奇怪地问。"谁说我还喜欢她了。"我看着自己的志愿表，小声呢喃着："我也是为了在乎的人才填了B中。"

中考前一天，我去花店买了一大束"勿忘我"，分别送给我的好朋友作毕业礼物。当我把"勿忘我"递给小Z的时候，他似乎很惊讶。下午放学后，突然有人拍我的肩膀，回眸间，看到了小Z，他看起来很紧张："圆子，你知道我为什么报B中吗？"我一脸疑惑地摇摇头。"因为我想和你读同一所高中，陪你一起再奋斗三年！想和你一起上大学！"他的脸有些泛红，"就是这样，所以，明天考试加油！"说完他抱着篮球又跑开了，留下一脸茫然而又有点儿小开心的我。

校园里的木棉花早在4月份就落了，红花楹树却愈发茂盛，激励着我们奋发向上。我知道，每一个花期都有它的理由。木棉花的花语是：珍惜身边的人，珍惜眼前的幸福。红花楹树的花语是：离别、思念、火热青春。

原谅我无法重新拾起你的爱

之 欢

我不求是父亲的掌上明珠，我只渴望他能多分一点儿疼爱，多点儿支持给我，而不是像现在这般，见面如仇人。

身为公务员的他，在我上了小学之后，应酬越来越多，经常深夜才归家，我知道大人们的应酬总是要喝酒的，但是他的酒品不是一般的差。

记得某天深夜，他醉酒归来，不知道为何与妈妈两个人厮打起来，从六楼打到四楼，邻居们纷纷被他们的争吵声惊醒，连忙出来劝架。

年幼的我不知道该如何面对这个场景，只好躲在被窝里偷偷地哭，我怕哭得太大声，他把我也揍一顿。我亲眼看着他抓着妈妈的头往墙上撞，妈妈满脸都是眼泪，不停地尖叫，她挣扎着，想拿起手机求救，却被他抢走，狠狠地扔在地上，"砰"的一声，支离破碎。

就好像我的童年，亦因此破碎不堪。

后来爷爷奶奶接到我的求助电话后才匆匆赶来，我家终止了这场闹剧，那个晚上妈妈身上的淤青刺痛了我的双眼，他被爷爷强行灌了一碗醒酒茶，扔到床上很快就睡着了。

我一夜无眠，第二天早上出门上学发现邻居们看向我的眼神里多了一丝同情。

这时我不但讨厌他，而且惧怕他，虽然他从来没有打过我，可他狰狞的脸深深印在我的心中，更不可能与他关系有多亲近。每次出去玩，都是妈妈带着我到处跑，而他，压根儿就没有陪过我一次。

后来语文老师在课堂上布置了一篇以"我的爸爸"为题的作文，我把那天晚上吵架的事情全写进去了，并在结尾写道："爸爸，为了我们的家，不要再喝酒，不要再打妈妈了。"

或许是因为这篇作文的真情实感打动了老师，老师难得给我打了个高分，奶奶看完之后很高兴，而他看完之后淡淡地说了一句话："写得不错啊。"

可他们的婚姻终究还是走到了尽头，在我六年级的时候离了婚。分居之前他们带我去上岛西餐厅吃了顿最后的晚餐。以前每逢情人节的时候，他们都会带我来这家西餐厅，教我如何使用刀叉切牛排，偌大的落地玻璃窗外车水马龙，店里的音乐美妙动听，如今回忆起来如此温馨。

我表面装作对他们的分开毫无所谓，却把自己关在房间里大哭一场。我把所有的过错都推在他的身上，如果不是他，妈妈根本就不会提出离婚。

离婚后，法院把我判给了爸爸。我与他从小便很少接触，都是妈妈在陪伴我的成长，他是个严肃古板的人，话不多，我们两个人生活在同一屋檐下，亦是没有多少交流。

奶奶开始为他物色相亲对象，经四处打听有一位小学音乐老师已经三十多岁了仍未嫁人，据说人还不错，便赶紧与对方取得了联系。

奶奶说，日子还是要过的，怎么能让他孤独终老。

相亲很顺利，音乐老师对他大有好感，他除了酒品差并且带着我这个十多岁大的拖油瓶之外，其他条件是不错的。在奶奶不断地撮合之下，两人迅速地去了民政局领了结婚证，音乐老师亦理所当然地搬来我家居住。

他们没有办婚礼，我曾听见继母躲在房间里的抽泣声，听说是为了顾全我的面子，爷爷拒绝了再办婚宴的要求。

与此同时，妈妈亦带了一位新的叔叔与我碰面，新叔叔当过兵，高大阳光，感觉比他帅多了！我无比希望妈妈能找到属于自己的幸福，却不愿见他过上好的生活。

我想，他这种人，活该孤孤单单过一辈子才对！

妈妈搬到了市区居住，与我也几个月才能见一次面。初中的时候，因为家庭的原因，我偏激又悲观，成绩一落千丈，故意与那些大人眼中的"小混混"玩在一块儿，与班主任吵架，不写作业，装病请假不回学校，甚至在一次跟父亲发生争吵之后，差点儿走上自杀的道路。

他当然劝不住我，继母更没有任何资格来管我，只有我妈妈突然给我打了一通电话，哭着跟我一遍又一遍地说对不起。

我当时只觉得好笑，伤害已经造成，再多的道歉也没有任何作用。

初中毕业，我要求去妈妈所在市区的高中就读，不为什么，就是想不顾一切地逃离，逃离这伤心之地。他刚开始拒绝，最后还是拗不过我一哭二闹的威胁，终于点头同意。

市区的高中是寄宿制度，周末我去妈妈家里居住，他除了按时打生活费给我，并无其他联系，或者说，我压根儿就不想与他再有联系。

高一的时候，我从家里的来电得知，继母怀孕了。

在咖啡厅里，我将此事告知我最好的姐妹可乐，她从椅子上跳起来激动地说："孩子长大以后肯定会跟你抢东西！你一定要学会守护属于自己的东西，做好长期战斗的准备，不能轻易让给他！"

我低头不断地搅拌桌子上的咖啡，委屈地想若不是他，将来我定不会落得这般下场。

十个月的时间很快就过去了，继母的孩子出生的消息是我表哥在微信上告诉我的，他说："是个妹妹。"我想，表哥肯定懂得我当时的感受。

那时候我刚刚下晚修，望着黑色的天空，只回复了一个字："好。"

说不难过，是假的。从独生女一下子沦为一个尴尬的角色，再也无法得到万众宠爱，连孩子出生的消息，还是通过表哥来告知。其他的家人，大概正为孩子的出生而开心不已吧。

这城市又多了一个伤心人。

长假的时候，我赶回家去见了我同父异母的妹妹，正被父亲抱在怀里，他眼睛的笑意藏也藏不住。

我对妹妹绝对是极度厌恶的，在家的那段时间，不抱她不理她，见到她我就躲，好像见到瘟神似的。

原本我想着，就这样算了吧，平平淡淡，自己一个人过剩下的日子，我还有妈妈，我还有好友。

可是，我又错了。

从小我便学习钢琴，继母曾是我的钢琴老师之一。上了高中之后，因为我的文化课成绩一般，便转学音乐。高一和高二读艺术期间，我很努力，也过得很充实，周一至周五在学校上课，周末两天都在各个老师家上小课。不过老师都因为我的勤奋，而看好我。

读艺术需要很多钱。但也是因为这，令我与父亲的矛盾再次升级。

高二下学期结束后，艺术生都需要去培训班集训半年冲刺高考，就在这时候，原本说已经替我选好培训班的父亲，突然反悔，要求我重新读回文化课。

已经到了高三这个最重要的阶段，我因为学习音乐已经放弃了两年的文化课，他却告诉我，你不能继续读下去了，还口口声声说为了我好。

争吵不可避免地爆发了。他搬出一个又一个的理由来劝我，开始说没钱，后来说我肯定考不上，再后来说我读了出来也找不到好工作。

然后连身为音乐老师的继母也来劝我，不要读音乐了，读回文化课吧。

我愤怒，我难过，在争吵无果之后，我选择把自己关在房间里大哭。好友和老师知道消息后纷纷来劝我，要继续读下去啊，要反抗啊，你已经花费了许多钱去学习，难道说放弃就放弃吗？

若我真选择读回文化课，大概也只能勉强上个大专线而已。

我哭着问父亲："如果是我妹妹长大之后要读艺术，你怎么办？"

他一边抽着烟一边回答我："我不会让她走上艺术这条道路的。"

我继续问："若她坚持要读呢？"

他沉默了，而我也明白了。

这么多借口，只不过是想省钱留给我妹妹，为了我妹妹，不惜毁掉我前途？况且我继母身为音乐老师，必定从小培养妹妹学音乐，到时候只要妹妹开口说要读艺术，继母恐怕也会用尽全力来供她。

而我，却不配拥有这么美好的人生，哪怕他不爱我，也可否别那么残忍？

爷爷奶奶得知此事，特地前来找我们谈话，在我一再坚持之下，两位老人家也松口了，只要我想学，就继续学下去吧，他们相信我可以的。

父亲听完之后立即破口大骂，我的眼泪不断地流下来。

最后他却作出了一个惊人的决定："你走吧，你这种性格，我不允许你来影响妹妹，你搬回去爷爷家里住吧。"

爷爷奶奶当场就发火了："你这么做若是传了出去别人怎么想？你好歹是她爸爸！这样做不等于把她赶出去？"

我的心已凉了半截，努力扯出微笑："我还是走吧，反正我也不想继续在这里住下去。"

奶奶心疼地看着我，喊我先回房间，说要跟父亲好好谈谈。

结果我却在房间里听到他的吼声："是她从来没有把我当过爸

爸！"

后面的对话我听不下去了，泪水早已模糊我的双眼。

第二天，我收拾了衣物，拖着行李箱，他载了我去爷爷家，连我的钥匙扣上的钥匙，不知道他什么时候帮我拆走了，意思是，不愿意我再回来这里吧。

其实在爷爷家住挺好的，两位老人家是真心疼爱我，爷爷想尽各种方法为我补身子，熬汤吃营养品。周末有空的时候与他们下下饺子，包包云吞，日子亦过得其乐融融。

艺术我当然也没有读下去了，转学回来这个县城继续读高三，当初本想逃离，最终还是回来了。

后来他曾打过几次电话给我，我都直接摁掉了。

事到如今，还有什么话好说。

继母带着妹妹前来探望，可惜仍然没有他的身影。

继母是来劝我回家的，她的声音依旧温柔，说："不要与爸爸斗气了，毕竟是两父女。"

我冷哼一声："当初我是被赶出来的，难道还要厚着脸皮贴回去？"

爷爷奶奶也劝过我好几回，说什么父女没有隔夜仇，叫我有空回去看看，我当作没有听见。我想，我这辈子都无法再原谅他了。

都说女儿是父亲的掌上明珠，可惜我只是粒沙子。

我最想拥有的幸运

　　那些有姐姐的女孩儿，似乎都格外幸福。可以和姐姐互换衣服，也能交换心事。深夜睡不着时，踮着脚到姐姐的房间里要一只耳机。最开始的交换日记，一定是和姐姐一起写的。很多的第一次：第一次看电影、第一次逛街、第一次在外面留宿……都是生命里那个无比亲近的人带来的。第一次喝醉、第一次出入高级餐厅、第一次抹口红，那些生命中青涩的印记，停留在两个人的回忆里。

我最想拥有的幸运

简墨绿

从小到大，我最想拥有一个姐姐。是亲生的那种，比我大四五岁，我上初中时，她刚好上高中。

我的几个好朋友都有姐姐。从小一起长大，从短短的羊角辫一直到长发及腰。容貌有一点儿相似，性格互补。父母会给她们起很相近的名字，让人一看，就知道是姐妹。

那些有姐姐的女孩儿，似乎都格外幸福。可以和姐姐互换衣服，也能交换心事。深夜睡不着时，踮着脚到姐姐的房间里要一只耳机。最开始的交换日记，一定是和姐姐一起写的。很多的第一次：第一次看电影、第一次逛街、第一次在外面留宿……都是生命里那个无比亲近的人带来的。第一次喝醉、第一次出入高级餐厅、第一次抹口红，那些生命中青涩的印记，停留在两个人的回忆里。

姐妹大概是彼此在世界上最牵挂的人。生命中始终有一个如影子一般的人。比妹妹大上几岁的姐姐，总是像温柔的妈妈一样牵挂妹妹。晚上放学回家的时候，看到路边有卖妹妹喜欢的小吃，会停下掏出钱包来买回家；和朋友逛街的时候，看到可爱的发圈，会买两份儿；天冷的时候买一个印有卡通图案的保暖瓶寄回家。帮妹妹打点生活中大大小小的事，好像是每个姐姐都乐在其中的事情。

在家庭和事业间忙碌的父母，也许鲜少去琢磨女儿的心事。但一起长大的姐妹，是彼此的秘密树洞。可以穿着同款衬衫，戴花色相同的发带，晃着长长的马尾牵手穿过闹市。冬天可以穿相同款式的大衣，戴同样毛绒绒的帽子，一起到街角的面摊头碰头地吃一碗滚烫的面。那些最美好的时光，都会有她的影子。每当回忆起来时，那份美好也双倍叠加在心头。

闺密M有一个上初中的妹妹，M高考前夕每天都很晚才能回家，学校离家不远，但天黑得让人忍不住害怕。她每天一个人背着沉重的书包穿过街道回家，每天晚上回到家时，妹妹总会七扭八歪地躺在沙发上，茶几上会放着切好的苹果或者一碗并不太好看的热汤面。

M在说这些的时候，脸上的表情很柔和。虽然那段时光一去不复返。但是她一直都记得，在那片浓郁的黑暗里，并不是只有她一个人在提心吊胆。

好像有很多时候，我们都只能独自去经历生命中的忐忑。但是你的姐妹，会默默地在你身后陪你走过。可能她不能切身体会，但她永远选择在你身后那段不远不近的距离支持和关心你。

后来M高考结束，上了大学。心却像没有离开家似的，总是想着妹妹。有一天看她的朋友圈更新了状态，配了一张炸了毛的猫咪的图，语气很是焦灼。我点开对话框询问她，得知是她妹妹有了男朋友。她当晚给家里打了长途电话。最后的结果我并不知道，但她语气里的急迫我一清二楚。一生中能有一个如此牵挂自己的人，该是多么幸福的事。

上学的时候，语文老师曾经给我们布置了一篇作文，内容大概是如果世界上出现一个和你一模一样的克隆人会怎样。我记得大多数同学都写了克隆人有了自己的独立意识然后占领了地球。我自己写的是，如果世界上出现了另一个我，她会陪伴我长大，会和我一起经历很多事情，会带给我很多新的东西，会过上更美好的生活

那篇稚嫩的作文最后一段话是这样的：如果世界上出现另一个我，我觉得那是一种幸运。 生命中许许多多的时刻，因为有那么一个人，变得有意义。

很多年后，我们都很老了，在一个有着温煦阳光的午后，坐在院子的两把摇椅上，静静地回忆那些过往的岁月。手里的一杯清茶，身边最好的你，就是生命的全部。

我想姐妹的意义就是这样，生命的开始有你，最后的时光里也有你。

你才是我生命里，那个最想拥有的幸运。

分分钟碾你没商量

木各格

　　虽然不好意思承认，但作为一个战斗力负五的学渣，当旅途中遇到学霸时，为了避免分分钟被花式碾压，咱总是很有自知之明地秉持着少说多吃，以听为主，以笑为辅的藏拙原则。然而，当遇到的是奶奶级别的学霸时，即便不说话，也躲不了被瞬间碾得体无完肤的命运。

　　在新西兰耍时遇到个英国老太太，本科文学，研究生法律，博士心理学（这都什么人啊喂！），重点是，老太太不仅术业有专攻，在别的专业上也是造诣颇深，比如说建筑，比如说历史，比如说……物理……

　　遇到老太太是在箭镇的湖区博物馆，当时人不多，我拿着个小册子几步一停慢慢挨个儿看着，后来走着走着我俩就凑一块儿了，绕了一圈了解了小镇的淘金史后，几乎是不约而同地相视一笑，然后就一起走出博物馆，开始游览那些老建筑。至此，我被学霸花式碾压的旅途正式开始了。

　　你能想象一个文学出身的老太太一边给你讲新西兰历史然后还发散思维联系到世界史，一边介绍那些19世纪的老建筑，顺带告诉你建筑学中的力学原理的场景吗？！虽然出行之前我做了不少功课，但真的是分分钟被秒杀啊！Abel Tasman，荷兰航海家，之前只是知道有这么个人而已啊喂！Treaty of Waitangi，老太太连条约内容都能记个八九不离十啊，您老这记性我真心要跪了啊。还有那些建筑力学原理，学渣好多专业术语都是头一回听，根本不知道是什么意思啊喂，想查个手机词典都不知道怎么拼写啊，只能厚着脸皮重复着问，于是老太太很温和地一笑，尽量用简单易懂的词汇来解释，秒了我一脸血啊有没有！

不过，在老太太的介绍下，很多原本只是一知半解或者只知其名不知其意的东西都得到了解答，走马观花似的游玩变成了因为知道其内在涵义而更为欣赏的旅程，想想也是蛮有趣的。只不过，这种被学霸无形中各种碾压的过程，说出来满满都是泪啊。

当然，这还不算最惨的，毕竟咱还能给自己找借口说这些不在咱们的研究范围内，不清楚也情有可原（你够了！）。最最虐心的是，当你觉得自己对某些东西了解得挺多时，却遇到学霸分分钟被拿下时，那酸爽，简直了！

这事儿还得从我在前往杭州的动车上开始说起。闲着没事儿我就掏出个笔记本开始在上面写写画画，无非就是些周易里的爻题卦辞，推到复卦的时候，坐我旁边那老太太突然跟我说了句："小姑娘年纪轻轻不要轻易给自己算卦，命数这东西说不准的。"

当时笔记本上只有一些鬼画符和潦草简单的几个关键字，所以我一听老太太这么说就知道她误会了，不过，更重要的是，老太太绝对是个懂周易的人啊，内行看门道，一点儿蛛丝马迹就知道是什么了。

我赶紧跟她解释我只是自己推演着玩儿，没算，然后问老太太是不是对这个很有研究。老太太一脸慈祥地看着我，谦虚地说也就是略懂，研究算不上。好吧，我这人对自己感兴趣的东西向来话多，所以我就巴巴凑上去自己找虐去了。从先天八卦和文王八卦的异同一路聊到各种阐释周易的古今著作，老太太以一种信手拈来成竹在胸旁征博引的博学和淡定分分钟把我给碾压成泥啊，让我在各种膜拜的同时恨不得抽自己几个大嘴巴，学渣在学霸面前班门弄斧简直就是活腻了啊喂！

后来聊得有些深了老太太可能觉得不适合再讲了，于是不知道怎么扯着扯着就聊到了诗词，然后我一问，哎哟妈呀，人老太太是国内名牌大学的中文系高材生，专长古典文学，当年也是公费出国的人才啊。于是我一脸崇拜地问了句："您是怎么背下这么多东西的呀？"

老太太很随和地笑了笑，答，也没特意去背，看过一遍之后基本就记下来了。

看过一遍之后基本就记下来了！奶奶，请不要这样碾压学渣好么，生命中不能承受之重啊！

阳光杀死了眼泪

蒋一初

"你复读的时候有没有感到痛苦？"

"没啊，天天嗨皮。"

"那你志愿撞车了，有没有难过？"

"有。"

阿南因为高考成绩不理想复读了一年，第二次高考成绩很好，但是那一年分数线猛涨，过往年份的参考都变成了废物。阿南照着前几年的分数线填了几个学校，按理说应该是稳妥的，但却撞车了。阿南的成绩比补录的学校高了几十分，满心的不甘找不到出口，不好的情绪沉淀成了一张北上的火车票，新的旅途不管是不是最好的，都应该开始了。

我跟阿南相识多年，在我的印象里，他一直是个乐观的人，还很聪明。阿南初中的时候不爱学习，上课听歌、睡觉、嗑瓜子，中考前幡然醒悟，于是努力学习了一段时间，两次模拟考试，他每次进步一百名，到了中考平稳发挥，考到了一所很不错的学校。高中依旧不爱学习，高考前想努一把力的时候发现高考和中考真不一样，难了不止一点儿半点，再没有办法在两个月的时间里前进两百名。于是阿南多花了一年的时间跟高考死磕，磕出满意的分数，却没磕到满意的学校。

"没事我不难过！都是我自己作的！"

阿南聪明却不勤奋，同一道题型做个两遍就会了，但是对于需要时间消化的古诗词，他从来不愿意背。阿南在古诗词上面摔了一个大跟头，高考时古诗词填空六分的题只拿了一分，而他跟他的几个志愿只差了两三分。阿南没有办法与西湖为伍，也错过了站在陆家嘴感叹的机会，他去往一个不繁华不喧闹的城市，开启了一段宁静、自由的旅程。

阿南一直都在后悔，但并不难过，事情都已经发生了，何必一再自责。他有了对未来的计划，不管是考研还是出国，都是看上去明媚的决定。

阿南还是一副吊儿郎当的样子，会把时间和心血全部注入进自己喜欢的东西里，而他喜欢的东西总不是大家眼中正经的东西，他爱游戏，要把玩过的游戏都玩到极致。

春节前我联系阿南，我想玩阴阳师，找阿南带我。他已经满级了，最厉害的式神都已经练到了六星，御魂也都满级。我一直都很不擅长玩游戏，玩不到几天就不愿意玩了，我觉得玩游戏就是图一乐，没必要花精力在那上面。

"你想站在最强的顶端不？"

阿南对我说出这句话的时候，我仿佛看到了初中时的他，不乐意学习就不学，喜欢玩游戏就拼命玩，把喜欢做的事情做到最强，至少在一个领域里完成了自己的心愿。这么多年过去，他还是那个横冲直撞的少年，在我们都归于现实、感叹生活琐碎的时候，他依旧在做英雄梦。

阿南凭着小聪明没有吃过什么亏，一路上都顺风顺水，复读和志愿撞车是他遇上的第一个麻烦，但他的少年气吹散了这团脏东西，跨过这道坎，他器宇轩昂地往前走，身后似乎背着一把隐形的剑，斩晦气、砍荆棘。

站在回忆的末端看，阿南从来没有变过，他身后的光芒延伸出对生活的无限热爱，不抹杀后悔，也不畏惧继续失败。

亲爱的伽利略

小妖寂寂

六点三十分挂掉家人打来的电话，赶上七点三十分的高铁，上车找到位置后，我把脸贴在窗上，闭上眼睛深深地呼吸了一下。

我坐在去往另一座城市的列车上，不知归期，也许在三两天后，也许在六七天后。我不去想我何时才回来，我只关心奔赴的那个城市有没有太阳。这是我第五年在生日这天里独自出行了，我总习惯带上一本书，扉页上有看不腻的字迹娟秀的句子。

我清楚地记得，打从十六岁开始，我送给自己的生日礼物就是去一个陌生的城市。呆一呆，走一走，晒晒阳光就回来。

每次都买靠窗的座位，我喜欢看窗外的风景一一掠过。看列车路过山峦，路过河流，路过村庄，路过荒野，路过城市，那些不断后退的树木，为我掉下落叶来。有时候坐的是夜晚的列车，满世界都在沉睡，我依然固执地望着车窗外，似乎于黑暗中也能看到想要看到的风景。我自己一个人，有点儿孤独，也有一点儿幸福。

无论在路上的时间有多长，我丝毫感觉不到疲惫。只是有时候，遇上灰蒙蒙的不讨喜的阳光，我会忽然就掉下眼泪来。

距离十五岁那年的时光已经很远，我终于忘记了很多过往的事情，大部分的记忆模糊得不可辨认，所有的脸也都淡出没有留痕，除了两个女孩儿在火车站里飞奔的那一幕。是十五岁生日前夕，是我和她认识后要共同度过的第一个生日，同年同月同日生的我们，相约着到八百公里以外的城市去游玩。去车站的路上遇到了塞车，下了公交车后我们一路小跑着才赶上火车。就是那短短的几分钟，两个女孩子一路跑着，跑在前面的我回头来看，风吹起了她的长发，我忽然想到了电影《亲爱的伽利略》。

我想，无论时间过多久，我也一定会记住那短短的几分钟。

十五岁的出行，我们在游人如织的风景里肆无忌惮地欢笑。我们拉着小指约定，等十六岁来临的时候，还要在一起，以一场出走来告别十五岁的眼睛里那些大雾弥漫的茫然，以最炽热的青春去拥抱诗和远方。

只是谁也未曾料到，那个亲爱的女孩儿，她没有和我一起迎来我们的十六岁。她躺到病床上，她再没有起来。失去她的我，从此夜不能寐，从此寝食难安。

直到十六岁的那天，我决定背上背囊，独自去兑现诺言。

再后来，每一年里，我一人成行。我知道，她在天上看着我。她依然会陪着我，一起怀念我们渐渐遥远的过去，一起走向那漫长的未来。

她离开后，我又结识了很多新的朋友，只是没有一个人能代替她。在成长的路途中，我遇见的人，碰到的事，遭遇的伤害和承受的风雨，我只愿说与她知道。十五岁那年，她指着车窗外说，如果有一天她离开了，她一定会想办法将自己变成列车轨道旁的一棵树，从此每天都可以听到列车捎来的远方的消息。谁承想一语成谶，她真的离开了。我思念她，我只能踏上列车，只能隔着车窗去看那一棵棵后退的树。

平淡，是时光远行赠予我的最好礼物，我不再悲伤。我在陌生的城市里，夏日，阳光很好，我从一间店穿梭进另一间店。空调和热浪交替，像穿越了一个又一个冬夏，我带着她最喜欢读的那本书，走过泱泱四季。

如今的我已过二十岁，以后的每一个生日，我将会继续踏上列车，像回到十五岁那年那样，忘记时间，不记归期。每一年风景在变更，生命里也有层出不穷的缘分，但十五岁最纯白懵懂的感动，这辈子都会记得。

最温暖的记忆

小妖寂寂

刚上高中那会儿，原本每天牛仔裤配白T恤的我突然穿起了短裙。

裙子是真的短，裙摆没有一件能遮到膝盖，但看着镜子里自己露出来的白皙修长的腿，我心里还是有点儿喜滋滋的。这都是因为我悄悄喜欢的那个男生说了一句：女孩子，还是要打扮打扮，穿穿短裙什么的，看起来会可爱很多。

我每天穿着色彩斑斓的短裙来到教室上课，心情和脚步都是轻盈雀跃的。只是秋天了，气温开始下降，短裙带来的清凉感常常会让我不自觉就皱起眉头来。

大约过了一个多星期，教室的失物认领角放了一个盒子。班长整理失物的时候把这个我并不认识的纸盒塞到了我的怀里，因为纸盒上写着我的名字。于是我抱着它，一愣一愣地回到家后，才敢打开。是一条漂亮的长裙，叠得整齐的裙子里夹着一张小纸条，就只写了一句话：这种天气穿太短容易得风湿。并没有落款，也没有甜言和蜜语。

于是在第二天，我厚颜无耻地穿上了那条长裙。我只是想在同学之间找找看，有没有谁的目光会落在这条裙子上。可是没有人多看我一眼。我甚至故意走到了我暗恋的那个男孩子跟前去，结果他却一脸诧异问我怎么换了风格，说还是觉得我穿短裙好看些。我的一颗心变得拔凉拔凉的，我转身回了座位，把桌洞里那封早已写好的表白信给撕了个粉碎。

后来我一直不知道送我长裙的是谁，并且也不再执着知道是谁。只是因为这个送我长裙子的人，我从此竟养成了爱穿及踝长裙的习惯，再也不会为了漂亮而去让自己的双腿受寒。

转眼就到了高中毕业。毕业聚会是在一家KTV的大包厢里，我第一次喝了酒，在微醺的时候，我握着麦克风问，到底是谁在两年多前给我送了一条裙子。大家短暂的面面相觑，后来也没人搭理我。聚会结束了，这两年跟我关系最好的哥们儿送我回家，路上他压低了嗓音告诉我，长裙子是他送的。他说那个时候他喜欢我，他每天都会注意我，他看见我穿着短裙站在走廊里时，风吹过来我就皱起眉头，有时候还看见我弯下腰去摸摸小腿。他决定送我长裙的时候有想过要顺便跟我表白，但是他又想，做一辈子的朋友多好啊！

他云淡风轻说着这些的时候，天上的月光皎洁地洒到他的身上，我忽然鼻子泛酸，我很想哭得稀里哗啦的，再扑倒在他的怀里，给他一个类似爱情的回应。可是我又听到他继续在说，他现在一点儿都不喜欢我了。他笑着抱怨我这两年欺负他，把他当小弟一样使唤，他说成绩出来后报志愿，他要去北京，要离我这个麻烦远远的。于是我那点儿突然而来的暧昧的情愫，最终变成了一记并不重的拳头落到他身上。

很多年后我都没没忘记那夜的月光，月光之下，两个少年笑声清朗地追逐着，奔跑着。那时候，我就在想，我只希望他从此一切都好，一切都要顺利，我不想跟他有任何的暧昧，因为他说得对，做一辈子的朋友多好啊。

再后来的后来，我们各自大学毕业，不谋而合地到了南方的同一座城市工作。我们之间没有爱情，但送我长裙子的他，却一直都是我青春岁月里最温暖的记忆。

你所说的，都是为了我好

杜克拉草

看到男闺密发过来的消息时我从床上蹦了起来，睡意全无。

他说，女闺密和A在一起了。

这消息就跟你突然对我说明天是世界末日了一样五雷轰顶。

身为资深骨灰级八卦协会会员的我在翻了女闺密、A以及B的朋友圈之后，才真真正正确定以及肯定男闺密并不是在开玩笑，而是铁铮铮的事实。

嗯，B是A的女朋友。此时此刻应该说是前女友更为准确。

高一时，女闺密和A互有好感，但因为某种原因并没有在一起。高二分班后，A遇见了B，两个人成为了男女朋友。半个月前两个人的恋情还挺稳定的，然而如今却跑出了个爆炸性的消息，把知道这消息的人都雷得外焦里嫩的。

若仅仅只是因为女闺密和A在一起也就没什么好说了，偏偏总会出现那么一个人，家住在海边管得宽吃饱了撑的，试图去改别人早已成定局的人生剧本。

那个人就是男闺密，一个在高四苦哈哈生活里还能因为女闺密和A恋爱心里起了疙瘩而逃了一天课的备考党。他的疙瘩非常简单：A既然会甩了曾经许过山盟海誓的B，那总有一天也会甩了此刻热恋中的女闺密。

作为一名他人生活中的看客，这真是一个既无趣又无用又多余的担心。

在《四大名助》的某一期，曾经出现一个女孩儿向主持人投诉她的闺密对自己的人生都要掌控，能不能交男朋友、交什么类型的男朋友、和什么人出门都必须经过闺密的同意，就连聚餐时都要跟个神经病似的对着一个个人头拍小视频给她过目……

然而主持人最终劝说无效，闺密仍然打着"我是为了你好"的旗号对这个女生的人生进行规划，"百折不挠"坚持认为自己做得非常正确。

在《奇葩来了》中，有个选手对"好朋友的丈夫出轨到底要不要告诉她？"这个辩题说了一句让我印象特别深刻的话：你们关系再亲，能亲得过睡在同一张床上的恋人吗？

这也许是一个值得深思的问题。

人生如戏，而我们只是自己人生的导演而已。

罗胖说：如果有朋友有事问你的意见，在大部分情况下最好迅速找出他的倾向性，然后同意他，以坚定他的信心。因为选择本身就是一件很个人的事，劝说别人接受你的选择既没道理又没用处。

想想以前，我做过的这种既没道理又没用处的傻事实在是太多了。曾经有一次朋友跟我倾诉她的感情，那晚我一直劝说她直至深夜，自认为好不容易成功拉回浪子。几天后再问她的想法，结果表明那晚的谈话并没什么用。

就像如果我看中了一条很漂亮的裙子，我明明知道买回来或许会一直压在箱底根本就不会穿，但是我还会固执地买回来。因为不买，我怎么知道适不适合我穿？最重要的是我会睡不着觉或者在短时间内都无法全心投入地做另一件事。

我敢拍着胸脯说，就算男闺密阻止女闺密和A在一起，也一定不会成功。

因为女闺密喜欢A，所以她不怕受伤。

以前的女闺密也会笑，但总感觉她的笑容里缺了点儿我说不出来的东西。直到他们在一起之后，我才真正明白她笑容里缺少的东西是情愫，是身为闺密也给不了的情愫。虽然不得不吐槽一下跟女闺密待在一起时，我总能被喷一脸的恩爱。

然而仅此，就够了啊。在她这么幸福的时刻，我身为一个看客，为什么要担忧她会成为第二个B呢？

真正地为一个人好不是一路为他披荆斩棘，一路护航，而是在他经历过该有的波折和世间的人情冷暖之后，Ta走了，你还在。

我想，这才是身为看客的朋友，真正该做的事。

愿我们在他人的人生中都学会做一个合格的看客。

嗯，也愿我们的人生中能少一些瞎操心的看客。

一个人也要好好吃饭

赫 乔

我还记得小时候的梦想之一，就是在山上盖一间房子，每日和朋友烹茶煮酒下棋吃肉，可惜当时想得没那么深，不知道房子不是想盖就能盖。

小学时最喜欢的就是劳动课，因为我们可以学烙鸡蛋饼和炒五香花生，后来这堂课莫名其妙地被数学老师占了一次又一次，再后来，就没了。从初中上到高中，我的梦想变成了去新东方厨师学院，学一手精湛厨艺，参加厨王争霸赛（年纪越大越中二了）。

高中的时候，即使是吃食堂也要品头论足一番。我的高中是封闭式住宿学校，两周放一次假，其间所有一日三餐都在食堂解决。我们信奉的是"两个人吃才叫吃饭，一个人吃是吃饲料"，所以每顿饭都是和好朋友一起：土豆粉、鸡丝面、新疆烤羊肉、韩式土豆泥……有些甚至是"曾经沧海难为水"级别的美味，到今天我都感谢母校食堂养育了我。

上大学后，因为在喜欢的城市买了房子，也就经常窝在小厨房里研究菜谱，偶尔出门和朋友小聚，但大多数时候，都是一个人。身边的很多同学会选择一个人叫外卖或一个人吃泡面，可我怎么都觉得有点儿悲伤啊，一个人吃难道就要抱着吃饲料的心情自怨自艾么？我决定选择自娱自乐。

所以，尤其是节假日的时候，读书写字之余，我开始整理食谱给自己做饭。冬天我喜欢煲汤，一碗好汤出锅的时间和写一篇小影评的时间差不多，而汤可以暖身可以打开胃袋。村上龙说过，那是多么可怕，我喝着汤，忘记了一切。最治愈的东西莫过于莲藕排骨汤和红枣银耳汤，一咸一甜，映照寻常生活滋味。

我呢，是肉食动物，通常吃的主菜就是烤鸡腿、煎牛排、炖鱼、炖鸡翅……偶尔会炒碟青笋或凉拌油麦菜，全因母亲总在耳边絮絮：多吃菜，少吃肉，你看你又胖了。

最近，我认识了来中国念书的捷克留学生，教他汉语和烹饪，他从一道番茄炒蛋开始，到现在已经可以做出一道完美的可乐鸡翅了。而早前他几乎所有的饮食都在清华附近的bar里解决，要么汉堡，要么三明治。我教给他一句话"我不愿将就"，他就现学现用："我学会做美味，因为，我不愿将就。"

他也教了我一些东西：欧式甜点。甜食简直就是毒药般的存在，我疯狂地吃，着了迷地吃，然后身材就像气球一样膨胀了起来。我还记得初中最喜欢的校门口的枣糕，离家很远要骑着自行车去买的红豆馅老婆饼，我还记得高中最好的朋友开了两家蛋糕房，每到放假我都要蹭吃小点心和冰淇淋。

现在，我离最好的朋友和最美的记忆都好远好远，在一座雾霾笼罩的城市，我一个人，从烤箱里端出热热的戚风蛋糕，"能吃好几次了""下次撒点儿曼越莓干啊"，我对自己说，房间里只有回音。

去了欧洲和美国的同学们也许比我更孤独，中国餐馆吃到乏味，日复一日的熏肠和面包也还没适应，只能自己做菜，油盐酱醋操心的事太多。可是无论如何，我都和他们说，一个人也要好好吃饭，胃的上面才是心，做人呢，最重要的就是开心啦。

他们则说，乔乔你不用说了，我知道你又胖了。

我的暴君男孩

衔猫

我是个邋遢的女孩儿，在和暴君男孩儿同桌之前，我一直活得像一条鱼一样快乐而且没心没肺。

暴君男孩儿不喜欢笑，不喜欢QQ，不喜欢惊喜，只喝冰水，永远穿一件旧但不起毛的烟灰色毛衣。他有轻微洁癖，生理和心理上。

我吃完早餐，他抽出一张纸巾伸过手来粗鲁地擦我的嘴。

我在课桌上贴便利贴留下污痕，他掏出一把闪着寒光的小刀，说给你五分钟刮干净，不然舔你也要给我舔干净。

我在课堂睡觉，他伸出魔爪掐我的脖子。

我不经意爆粗口，他立刻皱起眉头，跑下楼买来一支502强力胶，说再敢爆粗口就黏住我的嘴。童年手工课双手被黏在一起的噩梦再一次三百六十度无死角笼罩了我，暴君男孩儿太可怕了！

无意中从他的备忘录里得知他居然喜欢吃巧克力，无聊的我，在一家快要打烊的店买了一块白巧克力塞在他抽屉里。谁知他傲娇地说，老子只吃那种百分之七十二的黑巧克力。转手就把白巧克力扔给后边的同学。

好吧。只喝冰水的暴君男孩儿，只穿灰色毛衣的暴君男孩儿，只吃苦巧克力的暴君男孩儿。他讨厌麻烦，讨厌重复，讨厌犹豫，有时他消失于午睡无精打采的钢琴声中，明明已经是很凉的秋季了，他气喘吁吁地跑回来，有大颗大颗汗珠沿着他的额头慢慢流下，仿佛有一颗篮球在他脑海里猛烈碰撞。我不知道他心里装着什么。

当他说："踩踩，如果有一天我不见了……"

"我一定会去找你！"我打断了他。

"真的吗？"

"嗯。我会在口袋里塞满巧克力，牵着一条狗，出门去找你。"

"巧克力是用来喂狗的吗？"

"你知道狗吃了巧克力会发生什么吗？"

"它会变胖。"

"不，它会被毒死。"

"如果找到你，我就用巧克力把你引诱回来，如果找不到，我就用巧克力把狗毒死。它连你都找不到，我还要它干什么？"

暴君男孩儿笑了，有点害羞的、孩子气的笑容。这样的笑容，我宁愿拿一整个冬天不喝热可可去交换。

上帝作证，这句话我发自肺腑。

其实暴君男孩儿也有温柔的时候呢，比如他给窗台上的植物浇水的时候；比如他备在教室里的黑色风衣，通常都是我在穿。

他说："我打算退学了。"

我倒吸了一口凉气。

"别担心，我只不过是回家，同样是为了我们那个共同的肮脏的目的（高考）奋斗。"

"那不一样。你一个人，你会孤单，你会怀疑，你会昏昏欲睡。"

"我已经习惯了。"

我给暴君男孩儿讲了一个故事：一个有名的摇滚歌手和他妻子分手了，其实他俩都不太清楚问题出在哪里。离婚的时候妻子很难过地说："你跟我在一起不快乐了，我愿意离开你。"摇滚歌手突然愤怒起来，说："你想清楚再说，我不快乐跟你没关系，我是那种天生就不会快乐的人。"

暴君男孩儿挺喜欢这个故事。

第二天我说到我养过的两只猫，和因为这两只猫而绝交的朋友。

他问："那现在那两只猫呢？"

"失踪啦！"

"那你的朋友呢？"

"我们和好啦。"

他像是松了一口气。

第三天，我告诉暴君男孩儿我有一支香奈儿5号，但我得到它不花一文钱。

"怎么回事？"他看上去相当好奇。

"明天再告诉你吧。"

也许被虐成性，我居然开始挽留暴君男孩儿，每天给他讲一个小故事。我记得在《一千零一夜》里，那个叫山鲁佐德的女人最终感动了杀人成性的暴君。果然男孩儿只会变老，不会成熟。他们永远希望听着新奇的故事跌入梦境，在浴缸里建造他们远行的帆船。

现在，我失眠了，我的素材用完了。

我不知道明天给暴君男孩儿讲什么故事。

他会不会杀了我。

你说"还好没事"的时候我很担心你

巫小诗

初二那年，外公外婆所居住的小县城通上了火车。

火车给小城带来了便利，但外婆一点儿也不高兴。因为外婆住在郊区，而那条铁轨，恰好建在外婆家与最近的一个菜市场之间，火车开通后，外婆只能绕道走天桥去买菜，每天来回要比之前多走十分钟。

跟外婆同样情况的还有附近的其他居民，大家都想省下这十分钟，于是某天的清晨，铁轨的护栏不知被谁弄开了一个口子，大家每天从护栏的缺口穿越铁轨去买菜，生活从此又"便利"了起来。

外婆当然也是"大家"中的一位，刚开始她横穿铁轨还胆战心惊的，但有了经验，也就镇定自若了。

那是一个雨天，外婆买完菜像往常一样横穿铁轨回家，雨声很大，视线也不太好，她左右观望了一下，觉得此时应该是安全的。她踏上了铁轨之后才感觉到，铁轨有明显的震动，她腿一软，居然跌坐在铁轨上。

她用尽全身力气，几乎是爬着离开了铁轨，等她爬到护栏边时，火车就在她的身后呼啸而过，遗落的蔬菜被火车压得稀烂。

外婆在电话里跟我们讲述这件事的时候，满口阿弥陀佛，她说："还好没事，这真是佛祖保佑，下次穿越铁轨，我一定会观察仔细的。"我在电话这头，又心疼，又生气。

我最想拥有的幸运

每一次的小侥幸，都隐藏着巨大的风险，人的生命不是靠佛祖来保佑的，而是靠自己去珍惜。

我的好朋友田田，是一个非常爱干净的姑娘，她是那种出国旅行怕宾馆不卫生而自带一次性马桶垫的人。

她有一个习惯，乘电梯时从来不扶着扶手，她觉得扶手挺脏的。我说没关系啊，脏了可以洗手嘛，万一有个突发情况，扶着扶手会安全一些。我苦口婆心地像个居委会大妈，她特立独行依旧不听我的话。

一次跟田田逛商场，她穿了一双泡沫夹脚拖鞋，站在电梯上低头玩手机，我站在她后面一格台阶。

当电梯从二楼升至三楼，快到达平地时，她因为注意力在手机上而抬脚不及时，右脚的拖鞋前段卷进了电梯，她赶紧抽出脚，因为没有支撑点，整个人打了个趔趄向后跌倒，幸好身后的我扶了她一把，她才没有跌下电梯。

她的泡沫拖鞋被电梯卷掉了四分之一，场面还挺凶残。她小声呼了一口气，说："还好没事。"然后，她居然心很大地对着拖鞋拍照发了朋友圈，配文是"哈哈，电梯太饿了，把我的拖鞋吃掉了"。

我说："意识到危险了吧，下次不要这样了。"她说："没关系啦，我那双拖鞋很便宜的。"

我摇了摇头，给她发去了几个网上找来的电梯事故的视频，并对她说，这次电梯只是"吃"了拖鞋，如果在电梯上继续不扶扶手地闷头玩手机，下次电梯"吃"的，可能就是人了。

我们全家都有驾照，但真正意义上会开车的，只有我爸一个人。

我在外上学的某一天，亲戚家摆酒请客，爸妈都去赴宴了，我爸高兴，喝了不少，宴席结束后，爸已经神志迷糊。

喝了酒，自然是不能开车了。一位没喝酒的亲戚说，我帮你们开车回家吧！妈妈不好意思麻烦别人，说："送我们回家后你自己还得打车回来，怪折腾的，其实我也有驾照，今晚我也滴酒没沾，夜里路上车少，应该挺好开的，我开车回家就行了。"

然后，我妈这个没上过几次路的菜鸟司机，就这么逞着能，开着车带我爸回家了，平常二十分钟能到家的路，她足足开了一个小时。

　　她手心冒汗地熬过了这一个小时，路上碰到横冲马路的路人，还有错乱摆摊的小贩，我妈除了手忙脚乱地紧急刹车什么也不会，最终，福大命大的她，有惊无险地把车开进了小区。

　　事后跟我说起时，我妈跟我打趣："还好没事，不然丫头你就要当孤儿啰。"我一点儿也不觉得好笑，只有满满的生气。

　　我妈明明可以拜托亲戚或者花钱请代驾，但是她都没有。她的确是一个很会过日子的女人，省了钱，也不欠谁人情，但是，她用来跟"省"交换的代价是"命"。

　　这些年，为了省钱省事省时间，我们走了太多的"捷径"，我们窃喜着，谢天谢地着，但我们大概忘了，省下的那些时间和那点儿零钱，其实都是我们用生命换来的，谁都不知道哪一天，就换不来了。

　　不要做侥幸的事情，不要让在乎你的人为你担心。

　　我不想再在电话里听到你的"还好，没事"，我只想你对我说"很好，没事"。

我成绩不好，但我不是坏人

巫小诗

公车的移动电视上，主持人在讲一个民生新闻，用到了成语"近朱者赤，近墨者黑"。

坐我前排的一位母亲问儿子知道这个成语的意思吗，小朋友说不知道，她把成语解释了一遍，为了更加通俗易懂，还举了个例子："也就是说，你跟成绩好的学生做朋友，你就会变成好学生；你跟成绩差的学生做朋友，就会变成坏学生。"

小朋友若有所思地点着头，我平静地坐在这对母子的后面，内心咆哮着："我不同意！"

我清楚地明白，一个人的品行跟成绩真的没有太大关系，低分并不妨碍我们当一个善良的人。

初中的时候，我同桌是个通俗意义里的"差生"，成绩差，调皮好动，上课看武侠小说，放学进游戏厅和网吧，擅长各种恶作剧。

他前桌的女孩儿有一头毛躁躁的长发，女孩儿总是习惯性地甩头发，经常甩到他的桌上，占据课桌位置的一小半，跟女孩儿说过多次也不见改善。

于是有一次，他在座位下偷偷点燃了一根蜡烛，用一把剪刀当镊子，镊住一根不知道哪里搞来的长钉子，烛火把钉子烧热，然后，他轻轻拿起一撮女孩儿的头发，把发尾一圈圈地卷在滚烫的钉子上，一松开便有了一个大波浪，然后再拿起一撮，再卷再松开……在他烫到第四五个大波浪时，女孩儿发现了，当时就泪奔了，顶着她"时髦"的新发型去找老师告状。

后果可想而知，他被叫到办公室，被训斥了许久，又是道歉又是写检查的……

啊，这么说来，他真是个十足的"坏学生"，可是，长久跟他同桌下来，我发现他这个人其实还不错。

那时候手机并不普遍，我有一个妈妈淘汰下来的小手机，话费得我自己交，不少同学借用过，唯独他每次借用都坚持付话费给我；考试的时候，题不会做他就睡觉，不翻书，也不偷瞄我的答案；上课时他看我的课外书，被老师没收后，我说算了，他却借钱买了一本同样的还我。

因为把生活费花在了网吧和游戏厅，他手头总是不太富裕，尤其到了一周的末尾，他几乎早餐都不吃了。有一次课间，他让我把头扭到另一边，我问为什么，他说太饿了，把皮带紧一个扣，让我回避一下。

即便经济这般困顿，他也没有因为钱去做坏事。

有一次他跟我说，一起玩游戏的一个好朋友，跟他闹掰了，具体原因是，他俩一起从网吧出来，在柜台结账的时候，看见店主崭新的手机就放在柜台边上，离他们很近，当时店主正在对着屏幕忙别的，在那个瞬间，伸手拿走那部手机，简直神不知鬼不觉。

好友朝他使了个眼色，在好友正要伸手时，他却把朋友拽走了。

朋友生他的气，觉得他尿，两个人就此闹掰。

他对我说："我成绩不好，但我也不是坏人。"

在高二之前，我从来没有体验过"差生"待遇。

高二那年，少不经事的我，从全市最好的高中休学，毅然决定回家搞创作，想用写作养活自己。休学的后果就是，以很慢的速度在提升写作水平，以很快的速度在遗忘前十年的知识。后来想通了的自己，还是回归了课堂，去到另外一所高中。

　　当时的班主任是同学们都不怎么待见的一个人，他得知我之前的优异成绩，觉得自己捡到了宝贝，每次见我都是笑眯眯的。可大半年没有碰课本的我，坐在一堆知识点面前，简直就是一个文盲。第一次大型考试，我考得非常之糟糕，那次之后，他不再正眼瞧我这个"差生"。

　　一次晚自习，他在讲台上批改着试卷，突然起身走到我的面前，很凶地问我为什么没有交卷。我一脸茫然："我交了呀？"他说："你撒谎，我没看到你的卷子。""我真的交了。"他说："你这个学生品行有问题，当初就不应该让你转进我的班级！""老师，我真的交了。"见我坚持，他便黑着脸转身回讲台再次翻阅，的确有我的，是他自己疏忽了。误会解除后，他坐下来接着阅卷，没有为他刚才的人格羞辱作任何的道歉。

　　在那个瞬间，我突然想起初中同桌的那句"我成绩不好，但我不是坏人"，不是亲身经历，真的不知道什么叫感同身受。

　　幸好高三再次分班，我告别了他的"昏庸统治"。再后来我考上了还不错的大学。

　　我很庆幸在我小的时候，我的父母没有教育我别跟成绩差的学生做朋友，这让我站在高处时拥有平等的友谊，掉入谷底时不觉得自己低人一等。

　　有人跑不快，有人唱歌难听，有人不吃榴莲，这些跟成绩不好一样，都不是一个人的品行问题，我成绩不好，但我不是坏人。

最好的未来

　　南方的夏天总是来得很快。才是 4 月初的光景，阳光已经有了灼人的态势，校园里的那棵大榕树褪去了憔悴的黄色，终于在光秃的枝干上重新长出了鲜活的绿色。

　　阿黎总说："你别总做题啊。你看，夏天要来了。"

　　我说："夏天来了和我什么关系。又不是高考要来了。"

最好的未来

苏 恻

一

十九岁那年的3月23号,我在插满蜡烛的蛋糕前双手合十:愿我在六月破茧成蝶,考上心仪的大学。这个愿望已经整整伴随了我六年,从十三岁到十九岁。我要在三个多月后挣脱束缚的蛹,完成从毛毛虫变蝴蝶的完美逆袭。

不是所有的毛毛虫都能完成"破茧成蝶"这个使命。庆幸的是,在三个多月前,我并不知道这样的结果。

于是我这只毛毛虫,仍然和其他的毛毛虫一样,晚上零点才熄灯,早晨天不亮就被闹钟吓醒。当然,这是我眼中的生活,别人并不这么想,就比如——"高三的孩子们每天清晨伴着悦耳的铃声踏入校园,他们踌躇满志,他们不叫苦也不叫累,他们让欢乐的读书气氛萦绕着整个校园"。这是校报上的第一篇文章。我埋头写作业,阿黎从高高的书堆后面努力伸长她的脖子向我念了以上这段文字。我头也不抬地没有理她,继续和数学题"抗战"到底。我就像在蛹里拼命蠕动的毛毛虫,不敢放松警惕,生怕自己一休息就永远被困死在里面了。

二

南方的夏天总是来得很快。才是4月初的光景，阳光已经有了灼人的态势，校园里的那棵大榕树褪去了憔悴的黄色，终于在光秃的枝干上重新长出了鲜活的绿色。

阿黎总说："你别总做题啊。你看，夏天要来了。"

我说："夏天来了和我什么关系。又不是高考要来了。"

阿黎说："你有没有一点生活情趣啊。"

这些没营养的对话在我看来简直就是浪费时间。我这种想法让老李很满意，他在讲台上用长长的直尺敲着桌面，满脸油光地表扬我："听到了吗大家！"薛小洛说得多好啊！说废话就是浪费时间！浪费时间就是浪费分数！此语一出，全班都在看我。只有阿黎这个家伙不知趣地，把我的水笔从指间抽了出去，并附上纸条一张：离下课还有五分钟，借你的五分钟一用！自习课上我给你讲卷子里的最后一道数学题！我用仅有的铅笔不假思索地写下：好的，成交。为什么能够妥协？当数学渣面对数学霸的时候她就知道妥协也是毛毛虫生存的一种办法。

我和阿黎在老李的眼皮底下溜了出去。对，全班同学都在看我。那个信誓旦旦地陈述说废话就是浪费时间的人，竟然浪费了五分钟！他们一定是这样想的。可是五分钟和我用五十分钟都解不出来的数学题相比，简直小巫见大巫。

阿黎惊异于脚边的野花开了，而我则继续背我的单词。在多年后我翻开那年的英语单词本，在第101页，发现了那年阿黎偷偷夹进的花瓣。花色尽失，水分也不复存在，只剩下皱巴巴的躯壳。但我闭上眼，鼻尖轻触它，却仍然能想起那个下午，不知是想象，还是阿黎在不经意间偷偷刻在了我的心上。

我的高三就在阿黎的碎碎念里走到了尽头。周围的温度早已没有4月的暖意，而是像一把把利剑，直戳进你的皮肤和大脑。于是，长袖退出了舞台，短袖独霸天下。马尾扎高，防晒霜、遮阳伞纷纷准备就绪，随时接受召唤。这些夏天的足迹在阿黎看来，是比春天还要让人欣喜的，它更有生命力，更能让人觉得未来充满希望。最重要的是，夏天的到来，就意味着埋在衣橱里的裙子即将闪亮登场。她刷着淘宝两眼发光，我写着文综题，在吱吱呀呀的电扇下依旧满身臭汗。

阿黎说："这件好看吗。"

我说："好看，好看。"

阿黎说："拜托你抬头看一下再发表评论好吗？"

我说，你让我过完最后的三天，三天之后让我天天看你刷淘宝我都愿意。

我能感觉到自己在黑暗的蛹里做最后的挣扎。外界那一抹微弱的光对我来说有致命的吸引力，比多少条漂亮裙子，多少杯冰饮料都让人欢喜。

高考前的最后一天，零点的钟声准时敲响，我终于在凌晨一点之前把自己扔到了床上。大学，大学。我默念。然后睡着了。

三

高考完的那一晚，我瘫软在床上一觉睡到第二天下午，是阿黎的敲门声吵醒了我。

不对，准确地说应该是砸门声。

开门前我照了一下镜子。发现自己的发型乱得十分有个性，双眼迷蒙，露出忧郁的情调。这一切我自己伪造的文艺假象在酸涩的汗味从衣服上突然闯进我鼻子时，我才清醒地感觉到现在的自己是有多么邋遢。阿黎果然换上了那条漂亮的裙子，和她对比起来，我简直就像在垃圾堆里睡过一样。我洗完澡，和阿黎人手一杯可乐。薛铭就在这个时候打电话轰炸我为什么高考结束了还不搬回来住。

于是迫于亲爹的压力，第三天早晨，我就恋恋不舍地退掉了住了三年的宿舍，叫来了薛铭及他的小车，拉走了三年所有物品。

我关上了宿舍的门，将钥匙物归原主，对笑眯眯地多收了我半个月房租的阿姨认真地说了一句"阿姨再见"。

其实我更想说的是，谢谢阿姨。

因为有了这个屋子，毛毛虫才能远离外敌的干扰，远离每天都要担心自己是否会被吃掉的危险，蜷缩在蛹里，做着变成美丽蝴蝶的梦。

我坐在薛铭的黑色轿车里，冷气开得过大让我直打哆嗦。哆嗦的不止是身体，还有我的心。

我说："薛铭，我不想去你家。"

薛铭不断强调我应该要继承尊老这一传统，不要成天直呼他的名字。他一路上说了好多话，可惜我后面没仔细听，不然指不定能听出什么金玉良言来。车开到十字路口，拐个弯再前进十米就到薛铭家了。我愈加害怕，几乎是本能反应，我声音哆嗦地说，我想去我妈那里。这一句话像一个定时炸弹，直接炸飞了薛铭手中的方向盘。

薛铭说："你真想走？"

我点头。

薛铭说："好。我现在就送你到荣馨小区。"

我不可置信地转头，却只看到他黝黑的皮肤和几根白发。两年后他来我读书的城市看我，在街边我俩捧着咖啡，我问他："为什么这么多年你都没有同意，而那时反而那么爽快地答应让我回到我妈身边？"

他笑着说："我以为再婚后我可以给你一个完整的家。但是三年了，我觉得我的女儿都不会笑了。"他因抽烟而发黄的牙齿在阳光下模糊起来，不知道是阳光太强烈模糊了我的眼睛，还是我心底因为这句话流了一滴眼泪。

四

6月底，高考一本线公布，成绩也随之浮出水面。我像一只即将破茧的毛毛虫，颤抖着打开网页。全省所有的毛毛虫都在同一时间做着相同的事情，我在瘫痪的网页刷新N次之后，总算看到了毛毛虫努力的结果。

有的毛毛虫已经华丽丽地变身，成为美丽的蝴蝶，将要飞去它向往的大学，而有的毛毛虫还未破茧就已阵亡。但这些毛毛虫都不是我。

我是属于最特别的那一类——已经破茧，但中途死亡。

我只比一本线高了十四分。

这是我万万没有想到的结果。如果在茧内阵亡，好歹还可以自暴自弃，埋怨一下人生，吐槽一下教育，可这不上不下的分数对不起我的努力，但又好像也没辜负我的挑灯夜战。

我没想哭。但心里就是很空。

天色暗了下来。在我吃饭的这四十分钟零二秒里，薛铭一共给我打了三十一个电话，直到吃完饭我才发现这恐怖的数字，吓得我边打哆嗦边给他回电话。果不其然，电话那头暴躁的声音响起，就像我第一次说要离开那个家的时候一样。

"薛小洛，手机到底是用来干吗的！你考这个成绩知不知道报志愿多重要！志愿书买了没有！还有心情吃饭！"

我一边听一边将手机慢慢远离左耳，直到最后只能听到薛铭模模糊糊的男音。奇怪的是，这次被薛铭骂竟然没有被吓哭，而是他越骂我就越开心。

当时以为自己中了邪了。

薛铭说："今晚买了志愿参考书就回来。"顿了顿他接着说道："你的房间我还给你留着。"

我哆嗦着回答好的好的，然后耳边就剩下了嘟嘟的挂断音。

五

我哼着歌，往薛铭家走去，途中还接了阿黎的电话，风太大有些听不清，只听到了李一沅和女朋友这六个字。我没说什么就挂了电话。哦对，忘了说，李一沅在高三之前，当了我三年的男朋友。

半个小时后，我到了薛铭家。这个地方太让我恐惧，有女人砸锅的声音，薛铭破口大骂的声音，还有那句至今都让我害怕的"薛小洛，我们要好好谈谈了"。后妈是教师，几乎两周一次，我都要同她进行一次深刻的思想交谈，主题和内容永远都是"我对你不薄吧，你好好想想你怎么对我的"。其实我每次都觉得很奇怪，每天上学放学，除了中午和晚上吃她做的像猪食一样的饭菜依旧一声不吭表现出"我很好养请不要嫌弃我"之外，几乎没有与她独处的时间，不知道到底哪里得罪这位人民教师了。刚开始我被吓得一说话就想哭，她貌似很满意，每次对话结束都挂着标准的班主任式的微笑说："你去写作业吧。"到后来我幡然醒悟到没什么可忏悔的，我就面无表情地听，直到听到她说那句"你去写作业吧"。于是她更加愤怒了。

在我回忆以上这段时，薛铭开了门。我以为会看到人民教师冷冰冰的眼神，可出人意料的，她连同那个三岁的孩子都不在家。我脱了鞋，恭恭敬敬地坐在沙发上，薛铭看到我这副德行反而有点儿不适应。

于是一整个晚上，我和薛铭都在彼此沉默着翻看志愿书，只有偶尔交谈几句。最后我睡着了，在薛铭家的沙发上。周围都是孩子的玩具和积木，还有人民教师的教案。第二天一睁眼，我就看到在厨房忙碌的薛铭，以及盖在我身上的那条熟悉的被单。我洗了把脸，吃了薛铭煮的一大碗根本不能称得上是面条的不明食物，期间还被薛铭满脸期待地问好吃吗。我一抬头，就看到了他满眼的红血丝。

薛铭推了张纸到我面前，上面刚劲有力的字写着几所大学的历年分数线以及每年招的人数，我瞬间就明白了这是红血丝所带来的成果。

"你拿回去看看，可以试试这几所学校。"

十几年的相处模式，让我连最基本的谢谢都不会说了。面对薛铭，我从嘴里能蹦出来的就是好的，可以。

我又一头扎进了花花绿绿的大学里，像抓住最后的救命稻草一

最好的未来

样，希望能有一所重点大学突然间普照大众收留我这个中途夭折的毛毛虫。可是现实总是那么冷酷，我在纸上删掉一个又一个幻想，慢慢逼着自己离现实越来越近，当年以为永远不可能去的学校还是被一笔一划地写在了白纸上。连续几个白天黑夜，我像做文综卷一样分析所有可能去的大学，再结合薛铭的结论，终于在报名日期的最后一天，填上了志愿。

在这期间即使是关上门，依然能听到隔壁亲妈和后爸的吵闹声。亲妈很激动，后爸依旧不紧不慢地解释着。我不知道他们在争吵什么，那几天也无心去理会。后爸常常在应酬空暇里给我打电话，他还是笑呵呵地说："你先自己看看志愿书，等我回来我们一起研究一下。"

但实际上他从来没有和我一起研究过。

录取结果不出薛铭所料，我以比专业线高一分的成绩被A大录取了。

没有喜悦也没有难过，不好不坏，仿佛连悲伤的资格也没有。

亲妈和薛铭都松了一口气，后爸还是笑眯眯的，应和着亲妈对我的祝福。

六

夏天的夜晚总是来得很迟，七点左右的光景，夜幕才悄悄降临。闷热的气息在空气中酝酿，好像在谋划一场夏天特有的雷雨。

我看了看自己乱七八糟的桌面，慢慢站起来开始收拾。

高二的时候，桌子也是很乱。记得当时和李一沅分手的前几天，我让他到我的宿舍拿地理课本。我坐在大榕树下吃着冰棍等他，看他气喘吁吁地从远处跑近，第一句话就是："你一个女孩子桌子怎么能乱成这样"？我当时以为只是一句玩笑话，却没注意到他眼睛里的厌恶。而几天之后，他就和我提了分手，理由是"因为你的桌子很乱"。

当我听到这个分手理由的时候，居然没有发现这个理由有多么扯淡多么无聊，竟然蒙头大哭了几个晚上。

那是我在六岁看见薛铭叉着腰破口大骂并且伸手打亲妈之后，第一次感觉到心痛。分手后第一天，我的眼睛肿得像两个大桃子，而李一沅还是那个干净的样子，打球，学习，还有，交女朋友。在失恋第三天，我就发现李一沅的左手肿了一块，并且在接下来的一周里，我再也没见到那个在篮球场上奔跑的少年。看着我身边若无其事刷淘宝聊QQ的阿黎，突然就不想哭了。

阿黎是跆拳道黑带。

失恋的女生智商都是负数。用阿黎的话说，当时的我就是无所不用其极。直到李一沅那一句"你别折腾了，我已经有女朋友了。林璇"。我突然败下阵来，没说一句话。而第二天我就发现，他右手也肿了一块。

时间在不断向前走，没有一点儿留恋的余地。还没来得及悲春伤秋，高三的动员大会就已经给我们这群准毕业生敲响了警钟。文理科的大楼由于大榕树的阻隔，男生没了看漂亮女生的乐趣，而女生也失去了花痴男生的权利，同样的，我也丢掉了唯一能见到李一沅的机会。高三的生活很忙碌，可就算凌晨一点才洗漱完毕，我也要收拾好我的桌子，这个习惯仿佛成了我对李一沅的一种想念。我按照他的要求，没有去找他。只是不断从大榕树的另一边听到别人谈论，比如高三四班的李一沅好像和段花林璇分手了啊，高三四班的李一沅好像和三班的某某在一起了啊。整个高三，我听到了无数次的李一沅。还记得前几天阿黎打电话告诉我，李一沅只考上了二本，还有他和现任女友又分手了。

我剥着刚买的橘子，对着电话筒说："唉唉，这毕竟是我前男友啊，你就不怕我又往事重提涕泪交纵？"

阿黎说："得了吧，你不觉得这是一件值得你请我喝可乐的事情吗？"

我吃了一片橘子，然后想想也是，于是阿黎就真的跑到我家蹭了一瓶可乐。

我去了A城，而李一沅去了D城。我仔细算了算，坐动车要八个小时呢。

从今往后，是真的折腾不了了吧。李一沅。

七

大学生活在平淡中开始了。

我竞选了班委，参加了社团，每天忙得不可开交。除了被学校强迫参加一些洗脑讲座，其余的时间全贡献给了图书馆。我在百忙之中还每天坚持给阿黎发短信，比男朋友还靠谱。

我说："我没遇到小说里的男孩子，也没邂逅大学的爱情。"

阿黎说："其实生活就是平平淡淡的，惊天动地不过是小说的情节。"

我说："其实考到这所学校，我也没什么可遗憾的，毕竟我用高三的一整年，走了神。"

阿黎轻笑出声："你终于敢面对自己了。"

我说："你说我是不是挺幸运的。"

阿黎说："是啊。除了父母离婚，没考上心仪大学，被男友甩之外，其他都挺好。"

我说："你看我现在不用被另一个人左右情绪，也不用面对家庭无休无止的争吵，我觉得现在一切都挺好的啊。"

阿黎突然就笑了："以前高三的时候，你说得最多的一句话就是，这和我什么关系。你知道这句话让我多恐惧吗。"

我说："当时觉得，只要我认为和我没关系，就真的和我没关系了。没有人会伤害到我。"

阿黎说："薛小洛，你要相信，其实你很幸运。只是属于你的最好未来，还未到来。"

兔子的笑容会发光

骆 七

"不要戴着面具和别人相处了，你要相信你是全世界最可爱的胖子。"

1

陈露走到甜品店的时候又看到了那个女孩儿，扎着单马尾，身材很好，走路的时候却佝偻着背，一副快被重物压倒的样子。她明显也注意到了自己，眼神躲闪着走向了一旁的饰品店。

已经不知道是第几次了，走在路上时发现有人跟着自己。陈露扶额，转而嗅到一阵菠萝包烘焙时的醇厚香气，霎时间一切烦恼都抛诸脑后。

"你这个天下无敌大吃货！"阿峪一个爆栗弹在她的后脑勺儿上，"说好的减肥呢？"

她有些贪婪地嗅着怀里食物散发出的热气："今天考试考得太差了，心情不好，所以才要额外加餐而已。"

"额外，加餐？"男生一字一顿，恨铁不成钢的样子，"如果我没记错，这是你今天的第五餐了好吗！老天有眼，你如此花一般的年纪，却长成了一棵多肉植物，真是替你感到悲伤。"

"我就是我，颜色不一样的肥妞！"

陈露很努力很努力地笑起来，脸颊上的肥肉挤在一起，看起来有莫名的喜感。这大概是全天下所有胖子唯一的优势吧。伤心的时候，大概可以骗过全世界。

不过有一个人知道她的难过，陈露知道，那个眼神像油腻腻的八爪鱼一样紧贴她的后背，她猛地一个回头，一个身材纤细的影子在街角一闪而逝，又是那个女生！她到底想干什么！

"怎么了？"阿峪注意到她的反常。

"没，没什么。"

"那快回家练习跳马吧。"阿峪跟她挥手道别，"明天的体育课，别再摔得人仰马翻啦。"

逆光的少年有着高挑的背影轮廓，夕阳洒下来，带着温柔的力量。陈露目送他走远，蹦蹦跳跳地上了楼，洗完澡开始咬着笔头写日记。

2

阿峪是年级里很出名的男生，长得好看，成绩中上，最主要的是，他的体育很棒，曾在全市的青少年跳马比赛里拿了冠军，女生们纷纷慨叹："大概都归功于那双大长腿啦。"男生们则语气不善："老天爷真是不公平，什么好处都被他占尽啦。"

只有陈露知道，阿峪是个多么努力的人。

初一的某个周末，她偶然在每次回家必经的一个小公园见到他。那时正值盛夏，蝉鸣不断，热浪不息，陈露用书包顶在头上快步走，不经意间看到了他，他正在做体能训练，那么热的天，汗水几乎要打湿全身。

那会儿的陈露还是微胖界的一枚娇羞少女，大笑起来也无法用肥肉掩饰内心的情绪，阿峪的名号太过响亮，实在跟她是两个世界的人，所以即便是同班同学，陈露也并没有跟他打招呼的意思。可正当她要快步离去，做着体能训练的男生忽然瘫倒在地，陈露吓坏了，连忙打了急救电话。

"只是没吃早饭加之太过劳累，输点儿营养液休息一下就好。"医生安慰着快哭出来的陈露。

回病房时阿峪已经醒了："陈露，是你送我来医院的？"

陈露涨红了脸，他居然记得自己的名字："是，不过只是举手之劳啦，你也不用感……"

"你知不知道输液有可能影响我的比赛成绩？"男生激动起来，甚至要去扯掉输液的针头。

陈露连忙去阻止，结果被他无意甩到了墙上，脑袋磕出"咚"一声巨响。

阿峪一怔，整个病房忽然沉默了。

"你，你没事吧？"

陈露抿着嘴，像是费了很大勇气才说出那句话："比赛，比赛真的那么重要吗？有身体重要吗？"她仰起头，一颗豆大的泪珠猝不及防落了下来，她觉得尴尬，第一次和他说话居然就这样哭哭啼啼，为了掩饰尴尬，她从包里翻出菠萝包："喏，医生，医生说你没吃早饭。"

后来他们成了朋友以后，阿峪告诉她："陈露，你知道吗？从没人关心我飞得累不累，你是第一个。那天你从包里居然掏出一个菠萝包，你好像有些不舍，又是真的牵挂我没吃早饭的样子真有喜感。你是我见过的最可爱的胖子。"

3

初二的时候，全班同学都发现了陈露的改变，她变得更有存在感了，不仅是体重飙升目标变大，而且，她开朗了，居然还和冷冻王子阿峪成了挚交。

陆续有女生愿意和她成为朋友，她们起初目的并不单纯，但日久见人心，她们觉得这胖胖的姑娘挺好的，至少不矫情，什么玩笑都能咽下去，体育课跳马失败的时候还能跟着嘲笑她的人一起哈哈大笑。

也是那时开始，陈露每天都能感受到一束目光，它和自己如影随形，像黏糊糊的八爪鱼触角，让人觉得难受。

陈露第一次注意到那个叫简水的女生是在一节体育课。

那天也是跳马，陈露排在她身后，她感觉到前面女生的异常，随着同学们一个个完成动作，她佝偻的背莫名颤抖起来。

"你还好吧？"陈露拍拍她的肩膀，她像受惊的小鹿，捂着嘴回头，看到是她，好像才松了一口气，低声咒骂，"关你什么事，死胖子！"

陈露一愣，旋即给了她一个微笑，不再说话。

"装！在我面前你还装，我观察你很多天了，你这个心机女！"

陈露反应过来想再说点儿什么时，简水已经开始完成动作，她佝偻着背，慢吞吞地往前跑，结果自然是失败了，两条长腿磕在道具上，摔了一嘴的沙。

"这豁嘴女又在装什么柔弱啊，以为自己是林黛玉？"

"就是，真恶心，想引起谁的注意呢！"一旁的女生开始窃窃私语。

简水很快爬起来，捂着嘴一溜烟就跑了，像受惊的兔子。

那一刻，陈露很想过去告诉那几个女生，简水是先天唇颚裂患者，已经很可怜了，你们怎么能这样说别人的软肋？

可是阿峪抢先她一步，已经先追过去了。

陈露愣在原地，看着阿峪飞奔的背影，体育老师吹了三次哨她才回过神来，拖着一身肥肉往前冲，她摔倒的一刹那再次听到欢呼般的嘲弄，但这一次，她没有再回以微笑。

4

"你昨天怎么了？"第二天一早就有女生看似关心地来问她，"是不是朋友们说你两句你就不高兴啦？"

"啊……"另一个女生拖长了尾音，"不会吧陈露，你怎么能和简水一样呢？"

陈露觉得烦闷，掏出菠萝包狠狠咬了一口，终于没心没肺地大笑起来："怎么可能，你们想多啦，我昨天只是有点儿肚子痛啦！"说着拍拍大肚子，故作搞笑地说道："不争气，白喂你啦，关键时候掉链子。"

同学们哈哈大笑。

"不过话说回来啊，"其中一个女生瞟了前排的简水一眼，"有些人还真是有心机啊，演了这么久的林黛玉，终于让阿峪看不下去了，愿意教她学跳马。"

"是啊是啊陈露，有人来跟你瓜分师资力量啦。"

陈露看着前排简水的背影，忽然她转过头来深深看了陈露一眼，那眼神耐人寻味，带着万分的不屑和一丝丝的同情。

"以后，请多关照啊，简水同学。"陈露拿出标准的笑容来。

可对方只是瞟了她一眼，回头继续复习功课。

"书呆子，豁嘴妹，拽什么拽！"好姐妹纷纷替她打抱不平。

她很想说没关系的，让她们停止谩骂，可她的话到了喉头，却还是生生咽了下去。

5

陈露很久以前喜欢一只跛脚的兔子，但因为妈妈讨厌，说不能饲养，她眼睁睁看着兔子被附近的野狗五马分尸了。

那天她在日记本里写："怎么能这样，妈妈真讨厌！"

可一转眼，当妈妈一脸好奇地追问她在写什么时，她又对妈妈报以微笑："没什么啦，就是觉得幸好没有养那只兔子而已，又是跛脚，以后肯定会是累赘啦。"

这一天放学后，看到四下无人，陈露又拿出了她的日记本，正好写到"那些女生怎么这么鸡婆"的时候，简水像幽灵一样出现在她面前，她歪着脑袋看着她："你在写什么？"

陈露惊慌失措，连忙藏好日记，摆出一张慌张的笑脸问她："还没走呢？简水同学。"

对方冷冷看了她一眼，说："阿峪让我们去操场训练。"

"好，你先去吧，我马上来。"

到了操场，发现阿峪已经在教简水做热身动作了，他们靠得很近，陈露心里有些说不出的失落。

到了真正练习的时候，简水很努力地一跳，虽是磕磕绊绊但也好歹跨了过去，而陈露依然保留了那份憨气，像个喜剧演员一样摔在了地上。

只是这一次，没有了哄笑。简水冷眼瞧着，阿峪跑过来扶起她，皱着的眉头一直没有平复，他的语气里满是失落："陈露，你能不能稍微认真一点儿？你看看人家简水，虽然也不会，可是人家就很努力。"

她简直想尖叫，以前训练的时候也都是这样，可他从未这样说过自己。

陈露气极了，却也没有表现出来，跟他笑了笑，说："阿峪，别这么认真嘛，我只是想活跃一下气氛。"说着又跑去道具旁边练习。

阿峪看着她的背影，忍不住叹了一口气。

6

转眼到了跳马考试的日子，简水奇迹般及格了。

陈露没有了垫脚石，暗想认真起来也应该会更可笑吧，于是破罐破摔，当着所有人的面再一次上演了一出狗啃泥。

起哄，嘲弄，漫无边际的大笑。

陈露的心已经麻木，她跟着笑起来，只有到了厕所，关上隔间，才敢小心翼翼地流泪。

走出隔间，陈露看到一个熟悉的背影，她正在洗手，看到镜子里的陈露微微一笑，大概是简水的兔唇看起来格外瘆人，陈露竟觉得背脊发凉。

"那天体育课，你说的话是什么意思？你观察我？"

"对。"简水笑意渐深，"我以为你有什么更好的办法，没想到和我一样，也只是靠博取同情才能成为他的朋友而已！"

"闭嘴！我，我才不需要什么同情，我和你不一样！"好像被戳到痛处，陈露拖着笨拙的身子踉跄着离开了。

"别再伪装了，你和我一样，都只是给人嘲笑的丑角，一样的可怜！"

简水的声音像鬼魅一样撞在她的后背上，陈露紧紧捂住自己的耳朵。

回到教室，还没开始上课，可是教室安静得可怕，当陈露带着招牌笑容走进去时才察觉到异样，她回过身看着同学们眼神的方向，倒吸了一口冷气，险些有点儿站立不稳。

——整个黑板，密密麻麻，是陈露一页又一页的日记。

"我是长舌妇？"平时以好朋友自居的一个女生拿着一页日记走到她面前，厉声质问，"陈露，我在你心里就是这样的？"

陆续有更多的同学拿着纸张走过来，他们把纸一页页扔在她的脸上，陈露从未这样绝望过，她也不敢向阿峪求助，甚至不敢去看他的表情。

"够了！"陈露几乎崩溃，一连串的变故让她无法冷静，还能有谁？想起那天她写日记时忽然出现的简水，她眼神怨毒地看向她，除了她还能有谁！

陈露捡起日记本壳几步走到她的面前，狠狠甩到她的身上："你满意了吗？"

简水瞪大了眼，一副不可置信的样子。

"装？你还装？你不是早就在观察我吗？你不就是等着让我难堪吗！"

陈露气得口不择言，说了很多平日里都没说过的难听话。

最后是一直沉默的阿峪结束了这场闹剧，他走到正要发作的陈露面前，狠狠扇开了她即将落下的手："闹够了没有，陈露！"

肥妞陈露又一次摔倒在地上，只是这一次，连哄笑声也没有了，她嘤嘤地开始哭泣，她第一次愿意在所有人面前泄露她的难过，可没有一个人同情她，甚至连她唯一的朋友，也背弃她了。

7

那之后，陈露的位置空了将近一个礼拜。又过了两天，陈露转学的消息不胫而走，当班里的知情人士宣布这个消息时，所有人都开始欢呼，除了简水和阿峪。

阿峪走上台抓住那个男生的衣领："你胡说什么？"

"胡说？刚才我去交作业时亲眼看见陈露妈妈来给她办手续的。"

上课铃响了，阿峪却冲出了学校，他在陈露家楼下喊了很久，却没人应答，他忽然灵光一闪，跑去了他们第一次说话的那个小公园。

陈露果然在那里，抱着膝盖坐在长椅上。

他喘着气走过去，安静地坐在她身旁，两个人什么也没说，直到夕阳西下。

"我以为你会跟我站在一起，哪怕全世界都羞辱我的时候。"

"我以为我难过的时候你会第一个发觉，就连简水都能发现我的伪装，你却没有。"

"在你眼里，我不是朋友，只是一个永远没心没肺傻笑的肥妞吧。"

陈露一口气说了很多，哭得像个泪人。

阿峪却笑了，他用手擦干净她的眼泪，说："我不是早就说过吗？我是肥控啊，而你，是我见过的全世界最最可爱的胖子。早在你愿意把菠萝包分我一半的时候，你就是我唯一的朋友了。"

"可你竟然不信我，只相信简水。"

"因为真的不是简水啊。"他眨巴着眼睛，"把你的日记贴在黑板上的人，是我。"

阿峪轻描淡写，陈露整个人都蒙了。

的确，除了简水，同学里知道她有写日记习惯的就只有阿峪了，而且那天简水比她还要晚回教室，更不可能有作案时机了。

阿峪继续说："你曾关心我飞得累不累，可为什么你就不能关心一下你自己，你每天这样强颜欢笑，我都快要认不出你了。"

"你不快乐，陈露。"

"想要和这个世界和平共处并不是坏事，可当你为了目的丧失了你自己，那么陈露，我只能用这样残忍的方式让你清醒。"

"不要戴着面具和人相处，你要相信你是全世界最可爱的胖子。"

陈露翻了个白眼，第一次在他这样说时大声反驳："喂，好歹人家是个少女！"

陈露没有转学。

第二天，她准时去学校报到，看见她时，阿峪眼神一亮。

路过简水时，陈露红了脸，却还是向她真诚地道歉："简水同学，对不起，是我误会你了。"

简水依旧面无表情，后排又有人窃窃私语，有说陈露犯贱的，有说简水高傲不知趣的。

陈露径直走到说话最大声的女生面前，笑了笑："你这么在意别人的一切，为什么就不能让自己活得更加丰富一点儿呢？"

"什么？"女生被陈露的反常弄得有些惊讶。

"我说，下次说什么之前，还是想想怎么让自己的数学成绩有所提高吧。"

"还有你，想想怎么消除你满脸的青春痘吧。"

"还有你，你，你……"

她挨个把爱嚼舌根的女生们数落了一遍，最后扬起大拳头，说："别的没有，我这身肥肉可不是白长的，以后看不惯我的，敢于向本女侠挑战的，能动手的就别背着人家说三道四了，麻烦！"

愤慨的女生们纷纷低下了头，魁梧如陈露，她们可惹不起。

陈露大笑起来，看了一眼微笑着的阿峪，终于鼓足勇气站上讲台，她清了清嗓子，大声说："同学们，希望往后的日子我们可以真诚地相处，我们之间，再也不要有那么多的'心里话'和难以启齿的日记。我也再一次为这次的日记事件，真诚地向大家道歉。"

最后，陈露走到简水面前，用肥胖的手轻轻拿开她捂着嘴的手。

简水在笑。仿佛有光落在她的兔唇上，晃得人睁不开眼。

"别遮住，你的笑容很好看，简水。"

遗失在时光深处

暖 夏

一

我是在二道白河遇到林诺的。其实来长白山不是一时兴起，而是向往已久的事情。我很小的时候就对天池有种超乎寻常的向往，我很想看看举头三尺有神明的天空，究竟是什么样子的。十一假期前我跟我爸磨了三个晚上，促成了这次旅程。

然而最初的行程并不顺利，我来到二道白河，却发现它比想象中更荒凉，入夜后大路灯火通明，却人迹稀少，我走在空荡的街道，发现10月的风谈不上热情，甚至不够温和。

我和老爸好不容易发现一家还没有打烊的面馆，走进去的一瞬间热气扑面，鼻子里耸动着一种模糊到酸涩的感动。当地人正围坐成一桌喝着小酒谈着人生，我们风尘仆仆地坐在异地他乡的板凳上，等着老板端上一碗热面。

伸手去取钱包时夹带出一张明信片，没有署名，上面只写了作为收件人的我的名字以及一句话：

小川：

不要着急，最好的总会在最不经意的时候出现。

我拿着卡片不自觉地微笑，觉得身上终于暖和起来，而后我抬头，发现林诺卷着一身寒气走进这家面馆。

世界这么大，时空交错，我可以在2014年的东京，也可以在1244年的临安府，林诺可以在北极圈以北过漫长的白天，也可以在不知名的村落当一个刺绣姑娘。可是在这个时空里，在2014年略显寒冷的夜晚，我和林诺在二道白河的一家面馆相遇了。

人海苍茫，川流不息之间，我们以如此不经意的态度打了个照面。

林诺显然也是北上的游客，她和她妈妈一起。我并没有尝试着和林诺搭讪，因为她像猫一样谨慎，始终抱着一个落锁的漂亮木盒，瞪着眼睛四处观望，她是如此小心，好像一丁点儿风吹草动都会将她惊跑。

我爸终于忍不住，笑呵呵地低声问我："你一直盯着人家女孩子看什么呢？"

我低头吃面，用腾腾热气挡住微红的脸。

吃完面后我们继续开始找那家偏僻的旅店，而林诺母女显然也有同样的困惑。最终，我们竟然来到了同一家旅店前。

我们在昏黄的店门前打了个照面，这个女孩子低头沉思的时候，到底在想什么呢？

我在旁边踟蹰着不敢上前，我老爸倒是十分神助攻，直接乐呵呵地上去和林诺的母亲搭讪，把林诺留给我，还偷偷冲我挤眉弄眼，但我并没能和林诺有实质性的交流，因为她十分有戒备心，紧抱她的盒子，用紧张而疏离的眼神排斥我，让我硬生生止步。所有卡在喉咙的话都像是鱼刺，我只愿此刻能喝一大罐醋，让那奇怪的味道冲淡苦涩的味觉。

二

二道白河的早晨清凉宜人，霞光先起，而后是并不夺目的太阳，从高高的草坡后攀爬上来。

林诺坐在旅店门口的石阶上逗旅店的猫，盒子就在她身侧放着。

清早的她没有夜晚那样防备，看到我时还笑了笑，道了声早安，她挠着猫的后脖颈看了看我，说："你好啊，初次见面，我叫林诺！"

哈哈，你还真是贵人多忘事，我们不是初次见面啦！不过这个迷迷糊糊的女孩儿还是挺可爱的。

店员拿着花洒走到前庭来浇花，侧着头问我们："今天你们打算去哪儿玩呢？"

林诺说："我看看哦！"

她放下猫，抱起盒子，用挂在脖子上的银色小钥匙打开盒子。

那个盒子里有许多方格，每个方格上都写着一个数字，方格里有许多小纸条。林诺循着一个方格，拿出一张纸条，展开来，说："噢，今天去长白山北坡！"

店员被林诺的盒子勾起了兴趣，凑头过来看，问道："这是什么讲究，占卜盒？"

林诺手脚利落地盖上盒子，神秘笑道："这是一个能够带来好运的盒子。"

店员也不恼怒，跟着笑道："有这么神奇的盒子？给我批发十个！"

林诺正经道："天上地下，仅此一个。"

她的脸上因此浮上温柔的神色。那个盒子里究竟写着什么，能让她这样坚定不移地相信着呢？

我也要上北坡，并不单因为林诺，还因为我和我爸旅游行程本来就是这样安排的，今天北坡，明天西坡，南坡封闭不开放，而东坡属于朝鲜，想要去东坡一探究竟，除非从天池游过去。

长白山开发许久，配套设施完备，从二道白河到北坡山脚有公交车。我爸察言观色，林诺母女刚从宾馆出来，他就指使我去帮她们提行李，就这样，我们四个人自然而然就并肩而行了。我爸充分发挥他身为一名人民教师的口才，不到五分钟就套出来林诺母女竟然和我们来自同一座城市，而且林诺就读的学校离我的学校只有半条街远。我们放学时会走同一条路回家，也许我们曾经有数十次擦肩而过。

"这就是缘分啊！"我爸拍着大腿喜滋滋道，还不忘推搡我一下。

林诺这妮子最大的一个特性就是迷糊，时常是我亲眼看到她把耳机塞到书包外侧，不到两分钟，她就开始焦急地原地转圈找她的耳机。

不到半天我就成了她的管家，帮她记着这记着那。林诺特别感激我，对我说："白欲川，我有没有跟你说过，我第一次见你就觉得你特面熟！我们上辈子肯定有缘！"

这家伙，谢人还谢到上辈子去了！

<h1 style="text-align:center">三</h1>

这一天的天色并不好，灰蒙蒙的，送我们到山腰的巴士司机不抱乐观态度，若是下雨，也许看不到天池了。

我有些灰心，毕竟千里迢迢来一趟长白山，兜一头水雾回去，并不算一场特别出彩的旅行。而林诺却毫不在意，她走到哪里都像跳舞，踮着脚尖在这里看看，再往那里瞧瞧，对什么都无比好奇，对什么都充满热情。

此时我们四个人已经结成了一个团结牢固的小型自游团。

"接下来呢？"我问林诺，一边瞄向她的盒子。林诺打开盒子，拿起一张纸条，说："坐越野车，上山顶。"

我问："虽然外表这么精致，这其实就是一盒子文艺版的旅游攻略吧？"

林诺瞪了我一眼，说："别瞎说！这些都是提示，就像游戏闯关一样，每来到既定地点，都会拿到一条提示。"

我笑道："哦，那你的宝藏是什么呢？"

林诺不说话了，她看着我，有点儿敌意，就像最初见到我的那个夜晚，整个人绷起来，眼神尖尖的。她小心翼翼地说："这是个秘密。"

我们四人乘了一辆越野上山，山路崎岖，每个人都被巨大的离心力甩来甩去，快开到山顶时路段变得平缓了些，坡上开始有积雪，白白的雪，冷冷的光，山下云雾弥漫。只可惜巴士司机预言不假，山顶能见度非常低，只有五米，所有人都像鬼影一样若隐若现。我没什么兴趣地在浓雾中转圈，林诺却是兴致盎然。她突然站在洗手间门口冲我招手，一脸发现新大陆的神态。

我进去之后，发现洗手池上面贴着一张巨大闪光的俯瞰天池图。

林诺说："快！给我拍一张！最美天池图耶！"

我无语道："你确定你要在厕所里拍照吗……"

林诺终于收起了她氤氲如雨的笑容，变得严肃起来。

"白欲川，我得批评你一句，你这个旅行观念也太消极了吧？出来玩呢，重要的是留下一段美好的回忆，我觉得我和厕所里的照片合照能留下美好的回忆，就足够了。"

我突然想起那个困扰我的问题，于是我脱口问道："那对你来说，旅行的意义是什么呢？"

林诺低了低头，似是在思考。

终于，她抬起头，举起了她的盒子，向我袒露了她和这个盒子的故事。

"我失忆了。而盒子里面，是我曾经的记忆。我旅行的意义，就是带着盒子里的梦想，找回过去的自己。"

就在这时，因为浓雾看不到天池的外国旅客们，悲壮地唱起了俄罗斯民歌。

我看着林诺的脸，发现她微笑着的酒窝里，含了一点点忧伤。

四

"他们说我得了一种奇怪的病，可我并不觉得这是病。"林诺和我坐在温泉旁吃着温泉鸡蛋，谈论失忆这件事。

我们最终也没能看成北坡天池，山顶风大雾大，肉眼可见的雾团贴着悬崖壁从天池底端逆卷上来，谁也看不清究竟。我本来觉得遗憾，可在林诺的倾吐心声面前这些都不重要了，于是我们下山去看长白山温泉瀑布，哪里都是美景，何必单恋一处。

林诺吃了一口鸡蛋，幸福地抖了抖肩，说道："其实我依旧记得大部分事情，可很多重要的事情却逐渐遗忘了，这是在我八岁时开始展现的病症，所以从那时起，我就有了这个小盒子，在每一张纸条上，都会有一件曾经发生过的重要的事情，也会有一件我想要做，却没来得及做的事情。"

林诺停了停，吃了口鸡蛋，八十三摄氏度温泉水泡出来的蛋清并没有完全凝固，像果冻一样入口即化，她继续说："十二岁的某个早上，我醒来，发现这个世界发生了改变。我仍记得怎样穿衣吃饭，我也仍记得我的父母，记得我从小到大学过的知识，可我清晰地明白，记忆中的很多东西消失了……我忘记了我曾经喜欢过的那只猫到底是什么样子，我忘记了我曾经去过哪些地方，我也忘记了我最爱吃的冰激凌是什么口味……也许……也许，我也曾经忘记过在我生命中经过的重要的人呢。"她垂着眉，紧紧抱着她的盒子，就像初见那副模样，无喜无悲，可我知道，那应该是一种很难过的感觉，忘记喜欢过的人和味道，风景和图画，风月与山光水色。

我终于明白为什么林诺对一切都充满兴致，因为唯有失去之后，才知道得到的感觉有多么珍贵。哪怕只在此时此刻拥有，也应倍感珍惜。

林诺从盒子里拿出一张纸，放在我面前，说："其实你说这是攻略，也不算错。我失忆之前策划了这场旅行。旅途总是充满辛苦，所以作为奖励，每一条后，都会附上一条属于过去的我的信息。"

我看到条子上有两行娟秀的字迹：

谷底森林，往返八十分钟。

你最喜欢的影片是《本杰明巴顿奇事》。

林诺用手指圈了圈影片名字，问："你看过这部片子吗？"

我点点头，说："非常好看，最喜欢黛西在月光下跳舞的那一段。"

林诺笑笑："是吗？那等我回去，要重新看一遍！其实失忆也挺好的，再一次喜欢上自己曾经喜欢过的东西，是一种非常奇妙的体验。"

"还有哦，"林诺神秘兮兮地掏出一张纸条，"这场旅途有惊喜。"

那是之前的一张纸条：

去长白山玩一场吧！

你曾有过一个约定，在旅途的最后一天，我将会解开那个谜底。

"很神奇不是吗？没事的时候我时常想，那个惊喜会是什么呢？会是一首百听不厌的歌吗？会是一朵永远也不会凋谢的花吗？或者过去的我会告诉现在的我，其实我是个外星人！"

林诺被自己的想象逗乐了，自己哈哈大笑起来。我也跟着笑起来，手指浸到温泉水里，指头立刻暖和到酥麻。

那是一种由内而外的温暖。

失忆少女林诺就像是一个小太阳，不会炽热到熔化任何事物，却足够温暖自己和身边的人。

097

五

天空渐渐沥沥地落起冷雨来，多谢林诺的小纸条，我们在山底买了塑料雨披，到谷底森林时恰好派上用场。

林诺走得很快，像个舞蹈家一样，在木栈道上踮着脚尖转圈，有一种不谙世事的天真。吊桥被阳光切割成很多很多块，林诺就站在吊桥中央，披挂着阳光，笑容灿烂。

我爸一个人承担了好多行李，在旁边气喘吁吁地赞美："林诺这女娃娃长得真俊啊！"

林诺的妈妈站在旁边，微笑着点头，可她的笑容并不是百分之百的轻松和快乐，那里还隐约透露着对女儿患病的担忧和痛苦。我走上去递过一根火腿肠，说道："阿姨，要不歇息歇息吃点儿东西吧！"

她看了我一眼，笑意深了一些，说道："欲川，真的谢谢你，要不是你……"

我哈哈一笑，说："还是谢我爸吧！他背的行李比我还多！"

我们几个人对视几眼，登时笑成一团，倒是跑在前面的林诺不满地折回来，要求我们快点儿跟上她的步伐。

终点是瞭望台，脚下是断崖，下沉百米，百米之下是谷底森林。近处是密布的树尖和穿梭的河流，树是绿的，也有金黄的，静默，也庄严。世界忽远忽近。

林诺呆站着看了一会儿，叹息道："过去的我真的好机智，如果不是因为她，我也无法看到这样的风景啊……"

我说："过去的你也要感谢现在的你，是现在的你让她开始做许多有意义的事情。"

林诺看着我呆了呆，说："……也许吧。"

我坚定地说："一定是这样的。"

林诺笑了笑，看着我的时候眼里也有了温情，问："你呢，那你为什么来长白山天池呢？"

我想了想，说："大人们都说，要来一场说走就走的旅行。我们十五岁了，也不知道旅行中会看到怎样的风景，也不知道自己会遇到怎样的人。"

说完，我突然顿住了。

对我来说，旅行的意义就是在这个微凉的秋天，来到遥远的长白山，邂逅了林诺和她的人生。

林诺望着远处粗木苍茫，乱石堆砌中水声潺潺，好似任何亡去的记忆都会因这条溪流重回人世。

六

旅途的最后一天，我们的行程是上西坡。

这是最后一次能够看到天池的机会，前提是要爬上一千四百级台阶。

林诺已经蹦上了台阶，一口气跑出去好几个，才回头说："快点儿呀！等爬到山顶，我就可以取出那张有惊喜的纸条啦！"

她像只蝴蝶一样飞远了，而我在此时此刻，必须要直视我其实是个宅男这个残酷的事实……

爬完一千四百级台阶，再加上林诺毫不留情的奚落，我有种不如归去的冲动。

唯一的欣慰是今天天气非常好，无论从西坡的哪个角度，都能看到一个完整的天池，云影天光，蓝绿色的天池中有荡漾的波纹。

林诺握住栏杆，深情地感慨道："你说天池水怪会不会是尼斯湖水怪的亲戚啊！"

我把她拉下来，说："你还是看纸条吧。"

林诺这才想起来自己还有更重要的事情要做。

她目光神圣地打开盒子，取出那张纸条，却并没有打开。

真相离自己只有寸步之遥，她却犹豫了，她扭头看着我，像是在求助。我微微笑，说："不如先看纸条，嗯？"

林诺有一瞬的疑惑，但她依旧依言打开了那张名曰惊喜的纸条。

纸条上只有一行字：

> 你将邂逅一个男孩儿，他的名字叫白欲川，如果没有差错，他现在就应该站在你的面前。

林诺难以置信地抬起头，看着我，哭了。

其实我和林诺早就认识了，我们曾经是小学同桌，是很好的朋友，可她在那场奇怪的病症来临时，忘记了许多事情，也一并忘记了我。阿兹海默症，这样的病在青少年中的发病率十几万分之一，而林诺，没那么幸运。还好，我和过去的林诺一起策划了这场说走就走的旅行，给她十五岁的人生一个惊喜。她妈妈为了完成女儿的心愿，也一直全力配合我的计划。

就像过去的林诺曾经寄给我的那张明信片写的一样。

> 不要着急，最好的总会在最不经意的时候出现。

林诺康复的可能性很小，但只要我们善于等待，哪怕重新认识一百次，我也会愿意陪她看细水长流。

谢谢你喜欢我

芃陶陶

明远站在星巴克的门口，透过玻璃大门看到里面：暖黄色的光线，精致的吊灯，暖色的沙发和浅灰色的墙，很多风景照在墙上错落有致地排列。很多打扮得很正式的男男女女在聊天，穿着制服的服务生游走其间。

她低头看看自己的牛仔裤和T恤衫，突然紧张起来。毕竟，这一次要见的是一个多年不见的老同学，还只是同学，连朋友都算不上，真怕到时候见面会尴尬冷场。

那时高考刚过去没几天，明远一直焦虑地在家等消息，突然接到一个短信。

"有空吗？我正好从广州回来，有空见个面吧。我是颜志峰，初中我们同班。"

颜志峰？一个熟悉又陌生的名字。尽管她丝毫想不起对方的脸，但她还是答应了。她需要一个理由出去走走，与其惶惶不安地在家等成绩，不如到外面透透气。

到了约定的地方，她反而胆怯起来了，突然后悔贸然答应见面。对于这个颜志峰，她的印象不深——成绩不错，性格安静，少话，几乎没有存在感的人。明远不喜欢这样的男生，寡淡无趣，与他自然也不会有多少交集。迟疑了一会儿，她终于推开星巴克的门，刚走进去，就听到有一个男声传来："班长，班长，这里这里。"

她不确定是不是叫她，但因为初中时一直是班长，男生喜欢这么喊，她也就习惯了。但现在她觉得很不好意思，快步走过去。

这个就是颜志峰？

其实她已经不记得他的脸了，但还是有点儿好奇。

眼前的人穿着米色的风衣，面容清秀，戴着眼镜，下巴隐隐有些青楂，整个人看起来很斯文，也很稳重，除了轮廓能找到一点儿熟悉的影子，她并不确定他是不是那个记忆里安静的男生。

寒暄，点单。流程如此简单，但氛围却让明远觉得不自在。她一直认为自己是个幽默风趣的人，但对于不熟悉的人连找话题也无从找起。

"班长现在还读书的话，应该高三了吧？"他主动起了个话题。

"对。刚高考完，在家等成绩呢。"为了不让话题断掉，她又接了一句，"你呢？看你的样子，应该没读书了吧？"

服务员刚好把点的东西端上来，他看着她笑了一声说："我初三毕业就没读了，头脑没你聪明，读书又读不会，干脆出去闯闯。你还是老样子，一点儿变化都没有。"

"唉，别提了，自从初二开始我就再没长。你变得我都不认识了，酷酷的，应该会有很多女孩子喜欢你。"她稍微放松下来，讲了一句俏皮话。

他笑笑没说话，把穿在外面的风衣脱下来，里面是白衬衫，很新。

明远见他不说话，突然有点儿紧张，觉得俏皮话说得有些过了。

男生把风衣随意地放在椅子上，脸朝着窗口，看着外面川流不息的车辆慢慢开口："我现在还记得第一次见你的样子。那天放学，你背着一个红色的书包骑着单车，一边骑一边啃玉米棒，头发被风吹得特别乱。与你同行的女孩子说你，'在路上吃东西特别丢人'你毫不在意地继续咬着玉米棒，含糊地反驳：'在街上吃东西丢不丢人，完全取决于吃东西的人，你不懂。'然后继续低头啃玉米棒。你故作成熟的'你不懂'让我一下乐了，觉得你特别好玩。"

呵呵。看人街头啃玉米很好玩吗？明远心想。

"后来才知道，原来你是隔壁班的班长。别人说你特别特别凶，一点儿情面都不讲。但我还是相信我看到的。有一次，我忘记戴校章，你把我拦在门口不让进，好说歹说，一点儿都不通融。可是，我没有觉得你很凶，反而觉得你用软软的声音一本正经念校规的样子挺可爱的。"

"咳咳……"明远喝着奶茶，突然被呛到。

男生回过头看她，嘴角弯弯，即使戴着眼镜也掩饰不了他眼睛里的笑意。

"我经常路过你们班，总看见你身边围了一堆人，你在里面眉飞色舞、手舞足蹈地讲话。你好像知道很多东西，课本里面没有的东西，很多很多，你讲得头头是道，让人觉得很有道理。我想你应该是一个很爱看书的女孩子，阅读装点了你的门面，让你变得特别特别耀眼。"

"不对啊！你不和我同班，你喊我什么班长？"明远突然意识到这个问题。

男生笑笑不解释，继续说下去。

"你对什么都有属于自己的见解和标准，不管是冠冕堂皇的，还是无理取闹的，你总能说得特别有道理。你还很喜欢在老师面前表现乖巧，不管是被叫去查试卷，还是打扫卫生，你总会表现得格外积极。但我知道你一点儿都不乐意，你喜欢把你真实的情感写在试卷草稿背后，然后再集中扔掉，故作若无其事。还有一次，你参加了演讲比赛，所有参赛的人都紧张得不行，就你一副无所谓的样子。但我知道，你不过是假装不紧张。你伪装得一点儿都不高明，一直不断喝水，不断跑厕所。因为你那天还是表现得很好，所以我不拆穿你。"

"你一定不知道有个人偷偷关注了你那么久。你很爱面子，总是喜欢在别人面前表现得很完美，无懈可击。我觉得这样也没有什么不好。好多人讨厌你爱出风头的毛病，但我觉得你莽撞直接的性格也很好，积极表现自己只不过是不想别人忘记你。"

心里有点儿小小的异样，是痒，又不是痒。

"我一直觉得像你这样的女孩子，懂得发现自己的长处，让优点越来越好，懂得掩饰自己的短板，让短板越变越小，一定会被许多人喜欢欣赏着。不过，我觉得爱出风头、爱面子却常常在路边吃东西吃得油光满面的你也很好，非常好。有一次歌唱比赛，你担任主持人，一向表现很好的你，那一次却在台上忘词。台下的人都看你，你傻傻地站在那里，我看到你眼里的难堪。然而不过一会儿，你自然而然地接起另一段词，再施施然下去。别人都以为你从容自若，可我却看到你下去时错乱的脚步。其实，你不用刻意维护某些东西，不高兴可以不笑，老师吩咐的任务、朋友的拜托，不想做就拒绝掉，做不到的事不用勉强。"

他盯着她继续补充："初中毕业我就不读书了，也不知道你发生了什么。听别人说，你变得很安静很沉默，很少与人交流，喜欢独来独往。其实我还是觉得你大声讲话的样子比较好看，眼里有光芒，很亮很亮。"

眼里隐约有泪光，她低下头若无其事地擦掉。这些年，她似乎什么都没变，又似乎什么都变了，莽撞，直接，急于在别人面前表现自己的是十五岁的明远，现在十八岁的她再也不会在人群里活跃地找各种话题。现在的她很安静，安静到几乎忘记过去张扬跋扈的自己。而有一个人却一直为她记得。

颜志峰讲了多久，明远就听了多久。

许多自己都忘记的小事，他却记得十分牢靠。

一个下午的时间，男生用慢吞吞的语速，讲了一个女生初中三年的事，人前人后所有的模样，而那个女生就坐在他旁边安静地聆听。

这不是分享，这只是一个来不及说出的少年青涩的记忆，而他从头到尾没有明确告诉她最该说出的四个字，但满腔的情意都潜藏在那些慢吞吞的句子里。她的名字他念过很多遍，无比熟悉，无比流利，但他总是在临出口时又缩回去；他喊她班长，可她却不是他们班的班长，只不过为找一个合适的称呼罢了。

最后，他们拥抱告别，没有客套地说下次见面，也默契地没有说再见。

颜志锋从座位起来，不疾不缓地走出门口。浅褐色的风衣裹着高高瘦瘦的人，慢慢消失在明远的视线中。

一个下午。他用一个下午的时间字斟句酌地讲出多年的情感，一句话思前想后，战战兢兢，鼓起勇气才开口。一个拥抱也许只是一个最简单不过的肢体语言，但却包含了太多太多秘而不宣的情感，无法用语言倾诉，只希望对方能了解能感受。只需要这样就可以，一切也就值得了。

明远坐在座位上良久没动，直到天色渐晚，才恍惚地离开。

拉开星巴克的门，风轻拂过她的脸，她强忍着没哭。

有一个人喜欢她喜欢了很久，一直一直看着她，了解她的言不由衷，包容她全部的缺点。但是她却从来不知道。

小的时候，我们总幻想有一天，有一个人能站在你的面前对你说"我喜欢你"，总期盼得到很多人的喜欢，并为此努力。但无法回报的感情，拒绝的话无论说得多好听，都是一种折磨。

男生没有对明远说喜欢，自然也没有后来的拒绝。

这样的心照不宣令明远难过不已。

谢谢你喜欢我，可我也只能谢谢你。

后记：倘若有一天，你也如明远一样遇见这样的事，一定要心怀感激，哪怕那份爱非你所愿，也请一定欣然笑纳。他用了十倍的时间和精力准备与你的一次见面，你也应该为这份爱敞开十倍的心怀来包容，才不至于狠狠辜负那份你永不知道的喜欢。

105

最好的未来

第 七 天

浅步调

周一

2008年，我高一。同桌是个戴着深黑框眼镜的姑娘。不爱说话，做错数学题的时候，突然加大握笔的力度，总会在桌子上压下一道深痕。有一天她突然问我说："你知道周一吗？"那是我第一次听说周一的名字，我还没来得及对同桌感叹周一妈妈取名字的省时省力。同桌就已经别过头去，继续做数学题了。

高一刚开学，我的邻居兼初中校友就看上了一个白衣少年。每次放学她都像催命一样飞奔到我的班级，砸着窗子喊我赶紧收拾书包赶紧回家。因为白衣少年总是会在学校下坡的第一个路口拐角的街边店里买奶茶，我们如果早去就可以早早守候在路口其他店里假装买东西，然后顺便偷偷看他几眼。就那装模作样的几眼，我的邻居每次都是半个身子躲在我背后，两手使劲掐着我的胳膊。我不用回头，都能感觉到她僵硬身体里传来的紧张兴奋和这两种情绪复杂的交织。白衣少年骑车走后，秋天刚开学那会儿的风刚开始变凉，回头看到邻居一脸羞红的蠢样子，恍恍惚惚有那么一刻会觉得，也好想找个人可以去这么喜欢一下呀。

可是，想归想。好不容易头悬梁锥刺股拼命努力，牺牲掉无数睡眠和休息，喝掉无数袋装咖啡，才拼命挤进了市一中的实验班，旁边都是卧虎藏龙如同桌般的学霸大神，身边也都是做不完的习题，预习不完的新功课，怎么可以这么的"不务正业"。

周二

时光如水，岁月碾过。期中考试来了，前一天下午我提前去看考场，看到我的位置是在最外侧，感叹这下可以跑得很快，不会被人拉住问题目做得怎么样了。我发誓，我绝对是非常无意地去看隔一个位置的靠墙位置的名字的。但看到那个名字的时候，内心还是忍不住地兴奋了起来。因为旁边位置上浆糊贴着的红色准考证上的名字写着：周一。

周一从第一次月考结束就已经从同桌口中莫名其妙的名字变成了学校人尽皆知的明星。他的总成绩年级排名第一，数学考了满分。在张榜的各科成绩第一名那一栏，他的数学物理化学都是差点儿接近满分的第一名。据说他英语不太好，据说他常常不上晚自习，据说他不怎么爱说话，据说他篮球打得很好，据说他在初中就是个传奇。女生们按捺不住的窃窃私语里，还有一个重要原因是据说他长得很高很好看。而我作为一个理科成绩一直拖后腿的人，本能地对数理化成绩好的人，有着仰望般的崇拜。可是奇怪的是，尽管我们的班级在同一幢楼的楼上楼下，尽管传说中的周一在人群中是闪闪发光的，可是开学两个多月了，我都没有遇见过他。

也不是一次都没有"遇见"。我虽然理科成绩拖后腿，但还有拿得出手的英语成绩。语文成绩属于大家都差不多的无法掌控型，数英各一边，成绩一中和的作用，我的总体成绩总不至于太难看。常常感觉总是会看到，英语吃力地拉着我的名字往成绩单上爬的样子。月考的时候，我的英语扣了四分，得了第一名。单科张榜的时候，我的名字跟周一排在了一起。

真美呀。

期中考试的那天，我早早地去到考场，手里握着笔记本，像个小学生一样，背部直挺板正地坐在座位上，脚绊在凳子腿里轻微地抖啊抖地缓释着紧张情绪，像是干涸的田地，张着干裂的地表，焦急地等待一场夏日午后久违的暴雨。周一是从后门过来的，我一直全神贯注地注视着正门的位置，突然感觉到肩膀被轻轻一拍，然后一个声音以俯视的传送方式，随意但温柔地传来说："同学，我进去坐一下。"我转头看到一个眼神明亮，高高瘦瘦，背着双肩包，穿着套头衫的男生，脑袋顿时卡机。站起来的时候，太过紧张，忘记了脚还绊在凳子里，一起立整个身体突然前倾。脚从凳子里抽得再快，也没办法阻挡我整个身体往桌子上趴倒的窘境。周一恰是时候地用双手从后面半抱住了我，然后又手忙脚乱地去按住桌子。等我站定安稳后，周一没有问我有没有受伤有没有事，却是大男生般害羞地挠挠头，双手拽了下双肩包的背带，一字一顿地问我："你还好吧？"

这一切，几秒的定格，足以让我整个考试时间都在反复倒带。这就是传说中的周一吗？这就是大家都很喜欢很崇拜的那个周一吗？好像也没有特别帅，好像也没有特别的特别。可是，他经过的时候一闪而过的清香气息，伸手拉我的时候，呼啸袭来的阳光味道，却久久不散，时刻在提醒着他的到来于我意义的不同。

那次的期中考试，铃声一响，周一交上卷子溜走的速度比我还快。我试图找些话题和理由去跟周一继续搭话，可是，看到他一脸漠然的样子，总是提不起来勇气。最后一门结束时，周一临走时突然问我："你是三班的吗？"某天下课，周一突然来到了我们班级，他看向我在的方位找同学帮忙叫人的时候，我紧张得差一点儿又要摔倒在桌子上。可是，周一要找的是我的同桌，不是我。

原来，聪明得不可一世的周一，喜欢同桌那样聪明的女孩子呀。

周四

我的同桌是个学霸，她安静又乖巧，不爱说话，大部分时间都在认真读书。黑框的眼镜和不常有表情的脸，总是给人一种距离感。可是，有时候她会讲冷笑话给我听；有时候会拉着我的手说同桌学习好累呀；也会在我分给她自己喜欢吃的零食，而她也恰巧非常喜欢吃的时候，笑得像个孩子。她跟周一才是同一类人吧，把自己包裹得安全，只把适度的温暖，给予在乎喜欢的世人。

同桌说她跟周一是初中的校友，不在一个班级。现在两个人都是学校前十名的座上客，便开始时常见面，讨论学习的事情。而我，也开始帮忙楼上楼下跑着给两个人换笔记，也为避嫌，同桌要跟周一一起吃饭的时候，喜欢拉着我。同桌跟周一都不太爱说话，我就自发成了两个人之间的话痨。当我举着筷子意气风发讲好不容易选出来的段子的时候，同桌和周一给我最多的反应是默默吃饭。偶尔讲冷笑话讲到冷场的时候，周一也会抬头看着我，摆出一副无可奈何的表情，忍让地看着我笑。就这一个忍耐又疼惜的表情，就够我每次把到处汲取的新鲜故事，乐此不疲地拿到饭桌上讲啊讲。

周一不爱吃肉，会把青菜里的姜丝一根一根地挑出来，最爱喝绿豆和白米粥。同桌也因为吃了一口姜，一整顿饭都再也吃不下去。可是我出奇地爱菜里容纳了百味的配菜，不仅奇葩地对绿豆过敏，还最爱吃肉。每次我把我听到的传奇故事都跟周一一一核实，周一和同桌总是会给我非常一致的反应。比如我说"你篮球打很好"，周一和同桌相视一笑，同桌说："他整个初中"，周一接着话说："一个三分球都没！有！进！过！""没有进过"四个字他们是异口同声说的。那种互搭互配，坐在旁边的我，一直思考到底用"举案齐眉"还是"夫妻双双把家还"哪个来形容，比较合适。

而当他们讨论起数学题的时候，那种合拍的氛围就更对了。看着他们一起皱眉的那一刻，我成了内心孤僻的小丑，自卑感不可抑制地高涨起来。我跟两个学霸在一起，我的成绩，怎么可以这么不争气。

年少的心呀，在喜欢的人面前，总是扬不起骄傲的脸。可是我也是曾经英语考过第一的人呢，我曾经也是个成绩不错的学生呀。怎么在周一面前这么的卑微，在同桌面前这么的黯然失色，这么的自甘退后呢。

于是，在文理分科的时候，我毅然决然地去学了文科。因为只有在那里，我好像才有可能得到平行时空里与他们并肩的机会。

周五

分科之后，数学还是常常不争气，总是在扯着后腿，阻挡着我与周一在成绩单上靠近的机会。在同桌跟周一商量北大比较好还是厦大比较美的时候，我拿着刚刚及格的数学成绩，憋着眼泪低头不说话。同桌因为事情先走了之后，周一突然温柔地问我："你怎么了，怎么不说话？"我抬头看着周一，终于忍不住，哇哇哭了起来。我语无伦次地说："我真的好努力，我真的每天都在用心学习去追你，可是为什么，为什么我就是不行，就是追不上你。"面前手足无措地着急掏各个挎包找纸巾递过来的周一，摸了摸我的头，突然冷幽默地说："我不用追，就在你身边呀。"

我一下破涕为笑，学着小女生撒娇说："你走开。"活脱脱的像一对吵架闹别扭的小情侣，这种想象，让数学成绩带来的悲伤，刹那烟消云散。

整个高中的学习，就是跟数学的一场拉力赛。欢喜悲哀，庆幸的是旁边一直有助威呐喊的周一和同桌。他们会给我他们辛苦整理的笔记，会给我讲题，会帮我买资料。当然也拿笔敲我头骂我傻，不理解我为什么就是不明白指数函数和椭圆曲线。

无数个黄昏，每次我目视两个人辅导完我课程，一起回理科楼的时候，我总是悲伤地觉得有一天我也会这样目视他们幸福地牵手进教堂的吧。想象这画面，内心还是会隐隐地痛。

周六

高考结束，毕业聚会那天，我抢到了周一校服的第二粒纽扣，代价是摔伤打石膏的左胳膊。倒不是周一有太多人抢，而是我太迫不及待地想用个纽扣来画上我高中的句点。因为我觉得高考好像发挥失常了，我数学最后一题没有做，文综也刚好时间内完成。我发现没有办法去跟保送北大的周一再有更多未来交集的时候，居然觉得也并不是那么难以接受。因为我一路都在这么努力地去靠近他，去喜欢他。我成了想要成为的自己，也喜欢那个那么喜欢他的自己。我那么努力，那么用心。

那天，看到周一站在礼堂跟人聊天，我条件反射地猛冲上去，可是没料到光滑大理石地面上积存的水，让我一个趔趄，实打实地摔在了周一面前。我疼得龇牙咧嘴，但还是忍着笑着，一字一字地强调说："你的第二粒纽扣，要给我。"周一哭笑不得地赶过来，把我背起来就要送到医务室。我趴在他的肩膀上，闻到了初识他时那阵青春的香气。

你看，人生就是个轮回呢，我第一次见到他的时候摔倒了，绕了一圈又摔倒见到他。以后，生活就再也不会有他了。是吗？

他突然问我："你怎么这么傻，你喜欢谁呀？"

我觉得我整个呼吸停了五秒钟。然后我调皮地说："你呀。"

接着我深切地感受到了周一僵硬起来的神经。于是，我打诨说："我……我……开玩笑的。"

星期天

2015年，我大四，在北京。学校距离北大的距离是一趟公交车程的六站地，一次自行车程的三十分钟。当然，两个人一起的时候，骑车要一个小时。两个人，是我和周一。我们在一起四年了。

一是星期一，二是星期二，一到六都是这样，可为什么七是星期天呢？好多事情，是无法用常理解释的，正如暗恋，正如相爱，正如周一和我的大结局。

我费尽笔墨渲染我们的第一次遇见，周一说那不是第一次。因为在他打不进三分球的篮球场，我曾经横冲直撞地闯入，穿着人字拖悠闲地路过，结果出糗走掉了鞋还一副不在乎的样子，穿上接着走了。周一说，觉得那个女孩子好漂亮。我抿着嘴笑说，算你识相，姐姐我一直都不缺人追，只是对你情有独钟罢了。而他做的努力，是会去找你的同班同学打听你，会帮你，会和你一起在最合适的季节成长。

把爱当做种子，深植在土壤里，让自己的爱和自己一起成长。喜欢的第七天，未来会是你想要的模样。如果它不是，也要庆幸，至少已经长成了自己想要的模样。

妈妈的温柔，像海水一样

"没办法啊"，这句压根没什么安慰性质的话，反而是我最受用的安慰。也许只是因为它是从妈妈嘴里说出来的。这是件很难说清楚的事情，但应该有许多人和我一样，在年久月深的相处之中，和自己的妈妈生成一套自己的相处模式，哪怕在别人眼中看来有多么怪异。她说的每句"没办法啊"，都使我确信，这件事情搞糟了也没事。

妈妈的温柔，像海水一样

三倾荟

1

"站点送的这个杯子手可以伸进去哟……"学姐站在站点披萨店的洗手池前，边冲洗着店里送的玻璃杯边说，"我妈从小就教导我，一定不要买手伸不进去的杯子，不然就得自己洗。"

玻璃杯上印的卡通图案很讨喜，我想起廉价的泡泡糖包装纸上附带的卡通贴画。小时候住外婆家，小舅喜欢买许多的泡泡糖来勾我食欲，因而我幼时的记忆里，铺满着腻人的甜。而家里的墙上满是些贴得歪歪扭扭的卡通贴画。

也是那时，妈妈总会在我吧唧吧唧嚼着泡泡糖时表情严肃地告诉我："泡泡糖一定记得吐出来，不要咽下去，不然肠子会黏住的。"一次又一次，害得我连嚼泡泡糖都像在冒险。

妈妈严肃的时候看起来就会有点儿凶，所以她认真告诉我的事情，我也胆战心惊地一条条记下了，铺展成我十几年人生中的原则和常识。像很多小孩子一样，我在妈妈"这不准那不行"的留白部分中，还算恣意地成长着。

不过，妈妈不喜欢我出门玩，在这一点上，我同她斗智斗勇了好久。

小时候住外婆家，是两层的旧式楼房，有院子，厕所和浴室独立出来在二楼的走廊尽头。从走廊尽头的栏杆往下望，恰好是院子的边缘，院子外是别人家的石板棚，饲养牲畜的，棚顶离栏杆很近。每逢周末，我吃完午饭就会跑上二楼，伺机从栏杆上跳到棚顶上，就此逃离家。

在外面玩得差不多了，我便依循旧法，从棚顶爬上二楼回家。

不知有多少个周末的漫漫长日，我都如此这般，在外嬉戏玩闹。直到某个傍晚，我刚刚攀上棚顶，手已经搭上了二楼的栏杆，视线一偏，看到了站在院子里的妈妈。视线相对的一刹那，烽烟乍起，我们像是战鼓未起之前静止在战场两端的将士，沉默的硝烟弥漫，而我，不知是继续往上爬还是乖乖地从正门走进去。

忘了最后是怎么回的家，只记得挨了打，安分了很长一段时间。

2

小时候挨妈妈打的次数倒也不多，我胆子小，不安分的时候一遇到妈妈的眼神就缴械投降了。真的做错事挨了妈妈的打，哪怕哭成泪人也会站在原地一动不动，直到妈妈打停为止。

后来和好友Y聊到挨打的事情，她说，小时候她爸妈一作势要打她，她就会滚到床底下去，床底下空间有限，爸妈够不着，吓她一会儿也就作罢。"我有一次躲着躲着还睡着了呢。"她说完，我和她笑作一团。

依稀还能记得六七岁的时候，我和邻居家大两岁的姐姐到家不远处的海边游泳，实际上不会游泳，只是在最靠近沙滩的浅水处扑腾，倒也像模像样地脱得只剩内裤。后来妈妈寻到了海边，到家后在院子里的水井旁，拿着细瘦的竹竿就往我的小腿上甩。当时身子刚被盐水泡过，竹竿一下去就泛起一道红痕。疼得忍不住哭，泪眼迷蒙时看着那一下下扬起的竹竿满是害怕，又因疼痛升起委屈，在妈妈一声声"还敢哭？"的呵斥中哭到失声，不敢躲开。

后来阿姨抱走了我，和外婆说起，妈妈打我时也噙着泪，埋怨我怎么挨打从来不躲。那天晚上，我的小腿起了两三条长长的血痕，妈妈无声地帮我抹上药膏，清凉，而后漫过一阵阵疼痛。

我记得很清楚，那个傍晚，泪水像海水一样咸涩。

以及，妈妈真的好凶哦！

3

可是，越长大，越觉得妈妈温柔。

我自初中起开始住校，养成一两天给妈妈打电话的习惯。印象中妈妈一直是寡言的人，也不善安慰，日常的讲述往往只需一两分钟的时间，这样的对话，像家门前的潮汐，只是往复。偶尔我因成绩出现情绪上的波动，电话那头的妈妈也只是听着，淡淡地安慰几句。

中考第一天的中午，考完数学，我觉得自己考砸了，在电话里哭得一塌糊涂。电话那头的妈妈，一句一句地听着，说着，直到我止住了泪。

我记不太清妈妈说了什么，但大致可以猜到，从来不会用漂亮话来阻止我往坏的结果设想的她，也许会顺着我的话，在电话那头轻轻叹气："考砸了也没办法啊。"

"没办法啊。"

妈妈一直是这样的。

几年后高考结束的隔天早上，爸妈开车来接我，和我的一堆行李。熬夜到凌晨三点的我上车后瘫在车后座，路上坐起身来和爸妈细细分析我看过高考答案之后给自己的估分，"哎呀反正就那样吧！感觉挺险的。"说完再次用力往后一躺，身体触碰到座椅，微微反弹后又往旁边倾斜，我也不理，只两脚伸直抵着正副驾椅的背后，名副其实的一摊肉泥。

妈妈没数落我的姿势，甚至带着点笑意，"考完了就好，考得不好也没办法啊，"她顿了顿，"午饭想吃什么？"

像我心头的所有大石，落地之后都是可以在上面摊开桌布吃饭的。

落不落，有什么关系呢？

所以，"没办法啊"，这句压根没什么安慰性质的话，反而是我最受用的安慰。也许只是因为它是从妈妈嘴里说出来的。这是件很难说清楚的事情，但应该有许多人和我一样，在年久月深的相处之中，和自己的妈妈生成一套自己的相处模式，哪怕在别人眼中看来有多么怪异。她说的每句"没办法啊"，都使我确信，这件事情搞糟了也没事。

就像今晚，一个人吃晚饭的时候给她打电话，抱怨最近事情很多，稿子也写不好。"稿子得改那也没办法啊。"妈妈又开始问我晚饭吃什么，担心我不吃正餐。

有那么一瞬间，觉得鼻子酸涩。

4

而据说中考第二天，我考完英语回宿舍时，听说刚刚我爸妈捧着一束花在考场门口等我，但是等错了门。

在一切话语背后，是很深的温柔，又很笨拙。

5

不知道是因为家住得离海太近，还是因为小时候那次挨打，对于海水的咸涩味一直很熟悉。每每和妈妈通电话，仍旧是往复无意义的日常，但偶尔眼眶尝到的咸涩味，像海水一样。

妈妈的温柔，像海水一样

妈妈的温柔，也像海水一样。

是我还无法表达的，但愿意被深卷其中。

外婆的菜园

茶 靡

幼年的时候爸妈很忙，没空管我和弟弟，就把我们送到外婆家。外婆家屋前有个菜园子，规模不大不小，却是我们唯一的果蔬来源。外婆的菜园子里不仅有豆角、萝卜、芥兰……这些家常菜，还种着两棵梅树，一棵芒果树，一棵龙眼树。外婆的村子离镇上很远，加上那时交通不发达，出一趟街并不容易，我们所有的吃食，有一大半都是自家生产的。

外公还在世的时候，每年都会砍下很多竹子破成一片片，外婆把竹片插进土里，用绳子绕起来，做成栅栏，防止小鸡进去啄食。后来外公走了，我和弟弟就帮着外婆砍竹子做成篱笆。

春风吹过的时候，外婆托别人买来一些菜苗，我和外婆将一棵棵小小的菜苗种在土里，浇上一些水，菜苗很快就在地里扎了根。那时很多人家种得最多的就是生菜和油麦菜，因为它们容易成活而且长得快。偶尔也种一点儿油菜，二三月份油菜花开，很好看的黄色，山上的小蜜蜂纷纷飞下来围着花朵儿转，我和弟弟蹲在一旁观察这些有趣的蜜蜂，一点儿也不害怕。那时候日常的伙食通常是一碟清炒青菜和几个鸡蛋，鸡蛋是外婆养的老母鸡下的，偶尔外婆也会托人买些猪肉煮给我们吃。鸡鸭鱼这些平常是很难吃到的，只有过节的时候我们才能享用。她最喜欢看我们吃得满头大汗的样子，她自己从来不吃，我问她，外婆你为什么不吃肉啊，她笑起来，脸上的皱纹挤在一起："我老啦，嚼不动啦，你们多吃点儿，才能长得高高壮壮的。"年幼的我们信以为真，却忽略了外婆其实是戴着假牙的，嚼起肉食来并不怎么费力。

我读二年级的时候，村里的小学被拆了，我们所有的小孩儿都要到附近最大的村子里上学。上学的路程不太近也不太远，但安全起见，我们都要住宿，小小的我们背着书包和很多小孩儿一起被送到一辆后推车上，车子启动的时候，外婆站在菜园子旁边对我们说："星期五早点儿回来啊，外婆给你们煮大餐！我交待过的你们要记得，别和同学闹矛盾啊！"我点点头，紧紧搂着书包，眼泪在眼里打转，我看不清外婆的脸。

那时候每个星期的伙食只需要七块钱，米是自己带过去放在饭盒里让阿姨蒸熟，只有星期三的晚上才有肉吃，其他日子全都在吃白菜，吃得我和弟弟的脸色发白，也就格外想念外婆和她的菜园。第一个星期五，我们和很多小伙伴一样被后推车送到村口，外婆早早站在村口的老榕树下，我们跳下车，满心欢喜地朝她奔去。外婆拉着我和弟弟的手，细细端详着我们，她努力把笑容挂在脸上，却藏不住眼里的心疼，说回家杀一只鸡给我们吃。那是我们第一次不是在节日里吃到鸡肉。后来外婆养了好多鸡鸭，我和弟弟每个周末回家都有肉吃了。

每年夏天，那棵长得比房子还高的龙眼树会开很多花，每一簇都很灿烂；到了秋天，成熟的龙眼一串串挂在枝头，每一个果子都格外饱满。我和弟弟爬上高高的龙眼树，把龙眼一串串地拗断，放在背后的竹筐里，实在放不下的时候，就爬下树，把筐拿给外婆。外婆小心翼翼地将龙眼取出来，慈祥地笑着，双眼眯成两条缝，说："我把龙眼拿去晒干喽，你们带到学校去吃，叫别人羡慕！"她脸上松弛的皮肤带着皱纹也跟着一起动，特别欢快。外婆晒的龙眼干很好吃，甜甜的，果肉也很饱满，同宿舍的小伙伴们吃完后都称好吃得让人上瘾。

冬天，梅树开了一树白花，很漂亮。梅子长到不大不小的时候，外婆用竹竿把梅子全都敲下来，暴晒两天后放进一个小缸里，撒上很多盐，密封起来。用不了多久，外婆的盐渍酸梅就可以食用了，就着白米粥吃，又酸又咸的很刺激味蕾，特别有味道。

2007年我没有吃到外婆的盐渍酸梅，因为在第二个学期的时候母亲把我和弟弟送到镇上的小学读书去了。母亲做决定的时候，外婆还不知道。那年春天我和她在菜园里种甜玉米，挖一个坑，放一粒玉米籽，用脚推着泥土把种子埋起来。外婆边挖坑边笑着说："明年啊，你俩就有玉米吃啰。"我笑着说外婆种的玉米最甜最好吃了，然后转过身偷偷地抹眼泪。

舅舅住在镇上，外公走后舅舅想把外婆接到镇上，可是老人家大多念旧，说什么也不愿意到镇上去住。外婆说她守着个菜园子就能过完这辈子，没必要跑去给舅舅添麻烦。

离开外婆家的时候，那棵梅树结着小小的青涩的梅子，那是我最后一次看到那两棵梅树，它们最后都被舅舅砍掉了。我记得我和弟弟坐上那辆带我们离开的三轮摩托车时，外婆就站在菜园子旁边，望着我们，笑着。车子越走越远，外婆慢慢往屋里走，我好想跳下车，好想去抱住她落寞的背影。

2007年那一走，我们很少再回外婆家。倒是外婆总惦念着我们姐弟俩，她年纪大了出行不方便，就常常托村里的人给我们带来新鲜的蔬菜。我们初中是在县里读的，回外婆家的机会就更少了。母亲说外婆的身体每况愈下，她再也不能下地种菜给我们了，她的白发几乎爬满了双鬓，渐渐地，她连走路都困难。

我初中毕业的那年，外婆永远离开了我们。当时中考临近，外婆怕影响我和弟弟，在临走之前的那个晚上，她百般乞求我的母亲和舅舅不要告诉我和弟弟。当我们都中考完了，外婆早已入土为安。我不记得我是怎样来到她的墓前，又是怎样努力使自己接受她已经不在世上的这个事实。我在她的墓前泪流成河，我哭得快要断气，却还是没能将心头的疼痛缓解。那种没能在最后关头尽孝的遗憾和痛楚，我想只有经历过的人才懂。

妈妈的温柔，像海水一样

　　新年的时候回了一趟外婆家。老屋还在，墙面斑驳，一砖一瓦都满是岁月的痕迹；那个菜园子也还在，只是太久没人打理，疯长的野草在冬风的摧残下变得一片枯败。那几棵果树只剩下树桩，被枯草埋没。除夕夜，村子里燃起噼里啪啦的烟花，很是热闹。我坐在老屋门前，坐在坑坑洼洼布满青苔的台阶上，看着这些五颜六色的烟火，想起很多年以前的春节，外婆穿着红色的棉袄，将黑白相间的头发梳得整整齐齐的，她拿了两个红包，笑意盈盈地递给我和弟弟，说："你们两个要好好学习哦，以后考上大学了外婆给的红包会更厚！"我们从她满是皱褶的手里接过红包，忍不住欢呼雀跃，满心欢喜地答应她一定考上大学。

　　如今我真的上了大学，只是我的外婆，她等不到这一天，就与世长辞，留给我的，都是遗憾和悲痛。

有我爱明天就够了

惟　念

在我庞大的朋友圈里，有一个温柔的女生被我称为家姐，她从小生活在小康家庭里，父母通情达理，奶奶善良幽默，弟弟高冷沉默中也有细腻体贴。我们从高一起开始做朋友，到高考前夕友情上升到最高点——我直接认她妈妈为干妈。

这么些年里，承蒙他们一家人太多的照顾，即使很少在家常住，可每一次返家时一定会去登门拜访。

这个夏日我带着礼物去找家姐，敲开那扇熟悉的门，看到外婆探出半个身子来，一把握住了我的手，亲昵地为我擦着额头的汗，捋顺我的碎发。

"奶奶，好想你啊，最近身体好不好呀？"我把头往她身上蹭了蹭，撒娇着问道。

"好着呢，吃饭睡觉都很好，只是太久没见到你了，怎么才来看我！"

我们并肩在沙发上坐下，挽着手聊天，讨论起各自生活里的点点滴滴，叔叔和干妈在忙碌午饭。这些在旁人眼中看似无趣的细节，却给了我莫大的安慰，因为这是我所渴望的关于家的模样。

年幼时，别的孩子们都闹腾玩耍时，我被要求坐在家中看书写字，尔后自己竟也爱上了相对安静的生活，从一本又一本书里收获着感动和成长。因为被戴上了懂事的帽子，所以就必须要和其他孩子不同，要负担不属于这个年龄的期许和压力。

再长大一点儿，和父母分隔两地，眼巴巴地羡慕那些被母亲搂在怀里的小伙伴，每周能接到父母的一通电话，嘱咐我要好好学习要争气。

印象里有个寒冷的冬天，我寄住在外公家中，年关将至，始终没收到妈妈回来过年的消息。我闷闷不乐地坐在后院，搓着冰冷的手点起灶膛的火。后来表哥走进来，眉飞色舞地说家中来客人了，还一本正经地描述了对方的外貌身高，我听后立即拔腿狂奔，气喘吁吁地和站在门口的妈妈紧紧拥抱，泪眼滂沱地说不出话来。

这是第一次，我们如此靠近彼此，往日里她大多时候非常严肃，不喜欢和我拉拉扯扯。

再往后，我终于能和父母在城里团聚，也面临着更大的挑战，日子过得并不轻松，自卑像紧箍咒围绕着我，让我在同学们面前抬不起头来。拮据的生活，普通的长相，口音太重的普通话，英语零基础，这些根本无法掩饰的缺点，让我在很长的一段时间里都如履薄冰。

父母大概不知道，我为了克服这些，内心里有过多少挣扎，偷偷掉过多少泪。因为懂事，所以不可以向他们索取更多，也不能表现出对现状的不满，更不能埋怨。

就是这样一边假装坚强一边暗自落泪地长到十六岁，遇见了家姐，和她成为同桌，分享了彼此一个又一个秘密。两个人在课上传纸条，说起各自暗恋的对象，我写好信收集好树叶，她会帮我送到雨伞君的手上。她家住得远，我就陪她一起等公交车，去校门外买杂志文具，我们喜欢相同的作家，一遍遍地读着他写的书。

家人为她在校外租了一处宅子，我经常过去一起吃饭午睡，十七岁的尾巴上失去妈妈的我，太羡慕她了。高考前夕，干妈让我搬过去一起住，三个人在晚饭后去操场散步，最后一抹夕阳挂在天上，我的忧愁被晚风吹散。

"晓晓，你以后会忘记我吗？"干妈在某一次散步归来时笑着问我。

"当然不会！"我坚定地点点头，"你对我这么好，我永远都不会忘记。"

距离这段对话已经过去了四年，我们仍保持着良好的联系，每当回想起这些细枝末节，我心底仍暖如春熙。

岁月这支桨，在光阴的河里划着，我们分在岸的两边，有着各自的轨迹，全盘接受命运馈赠的种种。

我开始工作，遇上了新天地，结识了更多优秀的有趣的人，家姐继续在象牙塔里深造，偶尔聊天时，我们会羡慕彼此，但我们也深知，彼此都无法适应对方的生活。

一如这个夏日午后，我们围坐在一起，翻着她们家的旧照片，即使是二十年前，她和弟弟穿的衣服也非常好看精致，干妈和叔叔也到过许多地方赏美景。我想起自己的童年，脑海里只有连绵的蝉鸣，遮天蔽日的绿叶，旧旧的衣服鞋子，几乎没有什么消遣。

到今日，她的家庭已经为她想好接下来要走的路，为弟弟安排好工作，而我所有的一切都只能依靠自己。说不羡慕是假的，可这些年里，干妈和叔叔一直照顾我，同意我和家姐做亲密挚友的原因，也是喜欢我身上的无所畏惧，喜欢我的开朗热情。

身边的朋友里，过去在物质上得到的享受都比我多，为了缩小和他们的差距，我去了更多远方，结识了不同层次背景的友人，尝试了不同的工作，写了许多故事。如果不是一直在努力，我们一定没办法平等地坐下来，喝上一杯热茶。

所以每一回，我收到读者的消息，听他们羡慕我的生活，抱怨自己当下的处境，对未来惴惴不安时，都不想再去重复那些安慰的话，鼓励她们一定要努力奔跑，才有机会遇上新天地。

因为，这些朴素的道理必须要亲自明白后，才有内在动力去持续改变。跟努力比起来，天赋更为重要，把时间精力花在真正感兴趣的事

妈妈的温柔，像海水一样

情上，才会觉得快乐并容易成功。所以有那么多发呆臆想看手机电脑的时间，不如去跑一会儿步背两页单词写一篇作文，所有的质变都基于量变，再宽广的河流，也是每一滴水汇聚起来的。

真正热爱生活的表现，就是积极去参与每一件力所能及的小事，把握每一次机会，收下他人的爱也学会主动爱别人。当你变得足够好，就会发现，你身边围绕着同样好的朋友，你们都走在更宽阔的路上，并肩作战相互提携，概莫如此。

无论这世界如何光怪陆离，有我爱明天就够了，愿我能一直如此，悉心捕捉季节交替时的细微变化，有意愿去更远的角落看看春耕秋实，发自肺腑地说出每一声感谢。

你在的地方是吾乡

翁翁不倒

我从小就怕阿嬷（我们家乡人对奶奶的称呼），她早年是有钱人家的大家闺秀，举止行为端庄优雅又讲究，一些平常小事，比如吃饭时像乞丐一样用筷子敲碗，阿嬷一双筷子就打在手背上；过年时，围在灶前看阿嬷做馍，一说了不吉利的话，她一手的面粉马上往我嘴上招呼："呸呸呸，小孩子不懂事，神明莫怪莫怪！"于是我总是被拒绝进入阿嬷的厨房。

早年她能够一人走遍全城，到各处去求神拜佛做些镇上女人常做的事，也不知道是从什么时候起，就走不动了。

如今她唯一的乐趣，就是坐在客厅看看电视，偶尔趴在窗户上看外面的景色，那时候她的背影总是显得孤独而落寞。

在我还小的时候，每个周末我都要到阿嬷家去玩，然后再由阿公（即爷爷）送回家。但是每次我都玩过头不肯走，哭着要和阿嬷一起回家，阿嬷说好，我说那阿公把我们两个都载上吧。

我一直想不明白，明明阿嬷和我一起坐在车上，到家时却没人影了。

我哭丧着脸说阿公你把阿嬷给弄丢了……呜呜呜，然后每次都是阿公让我先回家，他骑单车折回去找阿嬷，却总是一去不复返。而我也被其他事物转移了注意力，忘记了这回事。

后来我无意间在街上看到相似的画面，忍不住笑了。就好像看到小时候的自己。

原来每次阿　都是假装坐在单车后座上，大喊一声出发，其实只是虚坐着，阿公一骑，她就顺势起来而屁股脱离后座了，而无知的我还以为阿　在后面，对阿公的"不能往回看，不然阿　会不见"的话信得不得了。

阿　会做很多好吃的家乡特产，总能满足我那个不知足的胃。镇上有一些传统活动，每到那些时候，她就开始忙活了，一开始我只能打打下手，后来她做不动了，长时间的站立给她的腿很大的压迫，她开始教我做这些，教我如何到各处去拜神，就像以前她做的一样。这些时候，都是她坐着看着我弄，有不对的地方就指出来，她说这些是给神吃的，不能马虎，那时我刚上初中，并不能理解这些神神鬼鬼，只是莫名被她的虔诚感染到了，做得更卖力了。

阿　闲下来就喜欢看电视，和阿公两个人一起从《西游记》看到《情深深雨蒙蒙》，后期他们的记忆力减退，有时连我的名字都要想半天，却唯独对这些电视情节记得一清二楚，一旦你陪着他们看，他们就要给你从头剧透到尾，一遍一遍，不知厌倦。

后来开始反省，人总是对自己熟悉亲近的东西记得特别清楚，说什么记忆能力衰退却记得清电视情节，不过是我们这些小辈陪伴他们的时间比电视少的反应。

阿公先阿　一步离开了之后，她变得沉默了，看电视都是静静地看，有时似乎并没有看进去电视内容，而只是发呆，你叫她，她会被你吓一跳。

阿　以前极度讨厌阿公咳得半死还戒不了烟瘾，经常把阿公的烟悄悄拿了藏起来，急得阿公无可奈何，派我这个小间谍去找，被阿　发现了，我们两个人都要挨骂。阿公走后一段日子，经常看见阿　把她藏过的烟拿出来，一包一包摆整齐，有时候她会把烟全部倒出来，数一数，再一根一根地放回去，最后宝贝地放回她的衣柜里，锁上。

而最近一次我回家看阿　是冬天，因为天气有点儿冷，阿　的腿就疼起来了，不能下床走路。后来回暖，情况有所好转，一阵寒潮过又开始变坏。反反复复折腾得她不得安生。

　　一次我在客厅看电视时她把我叫进房间去，一脸严肃地看了我几秒，开口的第一句话是"阿　要走了……"吓得我半死，各种小心翼翼地问她怎么了，乱说什么呢。

　　她一会儿让我把这个拿来，一会儿让把那个拿来，然后拉着我的手絮絮叨叨地从它们的历史开始说，一直说了几个小时，让人哭笑不得，这可爱的小老太太啊。

　　我要回校的时候对她说："阿　我们来卖萌自拍吧！"她不懂什么是卖萌什么是自拍，但她看出我是想给她拍照，竟然变得羞涩起来，她说现在不好看不能拍，等好看了才能拍，怎么哄都不肯让我拍。最后只好偷偷拍了她的背影。

　　我的心很大，想要走遍中国的每个角落。可是在阿　的心里，中国就只有两个地方，一个是我读书的地方，一个是她所在的老家。

　　我不知道怎么去回复这份深情，但我想说，我爱你，我的小老太太，请一定要好好的啊。

妈妈的温柔，像海水一样

拼不成时光的回忆

夏南年

　　我睡眠一向很浅，昨晚夜深的时候，好不容易才迷迷糊糊地睡着，便被推门进屋的爸爸吵醒了。爸爸悄悄地推了妈妈几下，然后的那个画面，我想今生都难忘记。

　　黑暗中爸爸妈妈都没有看到我睁着的眼睛，我听到爸爸告诉妈妈，爷爷去世了。然后妈妈半起着身子就停在了那儿，像个孩子一样发出了几声惊讶悲伤的声音，爸爸抱着她拍了拍她的后背。

　　半分钟以后，妈妈问："那我现在过去吗？"

　　爸爸说："嗯。"

　　又过了半晌，爸爸对一直半坐着的妈妈说："快点儿把衣服穿上吧，别再感冒了。"

　　妈妈让爸爸把她的线衣拿来，又说别开灯，大概是怕惊醒我。

　　于是我缩了缩身子整个人藏进了被窝，巨大的黑暗席卷而来，一种酸涩伴着害怕的感情在心里无尽地蔓延。

　　谁都没想到爷爷会走得那么快。

　　我从小就把姥爷叫作爷爷，记忆中他一直是个特别瘦且高的人，很健壮，走路却很慢，有点儿颤颤巍巍的，也很节俭，直到去年姥姥去世的时候，我才猛然发现，站在昏暗的屋子里的爷爷，竟然那么矮小瘦弱，好像一阵风就能吹倒似的。

姥姥家在临近河坝的地方，夏天爷爷会去河坝外那片金色的土地里拾捡麦穗，冬天会去淮河里游泳，我一直惊叹在我们这个南北交接的地方，那么寒冷的冬天他是怎样在冰冷刺骨的水里挥动着手臂的，但我从没有裹着厚厚的围巾去看过。

我和爷爷的感情并不深，其中很大一部分来自于姥姥和妈妈的原因。听妈妈说，大姨和舅舅出生的时候爷爷在内蒙古的包头市，直到姥姥怀上了妈妈他才被调回来。可是从那时候开始，爷爷和姥姥的关系就已经到了不能仅仅用不好这个词来形容的状态了。

在我的眼里，爷爷是个沉默寡言又很木讷的人，很多时候都有点儿奇怪，不过说起来，爷爷却没有亏待过我，在我不多的几次去姥姥家的日子里，他会问问我的成绩，有时候有点儿街头巷尾买来的小零食，也会让我多吃一点儿。

很早以前姥姥说爷爷很自私，我在一旁沉默着，不知道该说些什么。在我的记忆中，姥姥和爷爷从没有哪天没有过争吵。有的时候姥姥激动起来，会一遍遍说着爷爷以前的事情，一件又一件。

听说大姨很小的时候，一个人在一边很开心地玩，不知道为什么，爷爷突然走过去狠狠地打了她一巴掌，姥姥在说起那件事时咬牙切齿。

听说妈妈刚出生的时候，姥姥和爷爷打架，爷爷把姥姥推到了床上，姥姥的身下压着年幼的妈妈，是路过的邻居看到才叫着把这场"战争"结束的。

听说有一次蒙城的亲戚来家里，姥姥烧了排骨，可能是孩子太多，爷爷抢不到几块，突然夹起一块扔在了地上，弄得所有人都莫名其妙。

听说大姨本可以不去火柴厂上班，是爷爷要她去的，在很多个深夜，只有姥姥一个人在黑暗中迎着等着下班回来的大姨，爷爷从来不闻不问，大雪纷飞的日子里，他仍旧在家睡得特别安稳。

听说姥姥的亲人并不赞成姥姥和爷爷的婚事，每每姥姥说到这里，都会特别气愤地说："真该听家里人的话。"

或许是我还太稚嫩，每到那种时候，我总是想，他们年轻的时候，也应该是有真正的爱情存在着的吧。

后来姥姥去世了，那天我分明看到爷爷的眼中满含着悲伤情绪。我想爷爷也许只是不善言辞，纵然他犯了诸多错误，也不能否定他一丝一毫的感情。

慢慢地我才知道，爷爷从小就沉默寡言，出生于地主家庭，曾经有段时间他们家落入过难堪的困境，但爷爷的成绩一直都很好，全县只有三个人考上了什么学校，爷爷就是其中一个。

我想可能他一直都那么特别。

姥姥去世后爷爷就一个人守着那间一年前便被转到了表哥名下的房子，我听到爸爸义愤填膺地跟妈妈说："不知道什么时候就弄得老爷子没去处。"

妈妈随口问我："你愿意爷爷住在我们家里吗？"

我说："这样的事情我随便。"我知道妈妈心里是有些嫌弃爷爷脏乱了，但我也知道毕竟血浓于水，她也放心不下爷爷。

现在细想起来，之后的生活里，我们就彻彻底底把爷爷遗忘了。

日子猛然间被拉长，一直到上上个星期妈妈和爸爸去看爷爷，才又从妈妈口中听说，他们给爷爷找了一家养老院，我目瞪口呆地说："你们那么快就把他送到养老院去了？"

妈妈说："这有什么的，我们以后肯定也要去的。"

我一瞬间词穷，只是隐隐觉得这样有些不妥。但又不知道问题在哪里，我说："下次我也跟你们一起去看爷爷吧。"

妈妈说："你快期末考试了，去那干什么？等你考完试了再去。"

对了，记得那时候，我还悄悄地算自己能从攒下来的不多的稿费里拿几百块钱，心想也许能帮到爷爷。可是事实却是，直到现在，我也没有再见到爷爷一面。

明天就是期末考试了，我放着只做了笔记的政治书，试图把回忆穿起来，家里难得安静，天色很阴，可是无论如何我冰凉的指尖也没能在黑色的按键上打出关于记忆的文字。

我总想着时间还有很多，以后会慢慢和老人们熟稔亲近起来，却突然发现很多时候时间或是什么并不给我这个机会。其实我和爷爷之间可以发生的故事明明还有很多很多。

比如很小的时候爷爷给我尝过他做的麦仁杂粮饭，那时候觉得很好吃，其实后来我还可以让他教我一起煮那样特别的饭。

比如小时候姥姥和我一起用橡皮泥捏出很多彩色的可爱的小动物，其实后来我还可以拿一个送给一直坐在一边的爷爷。

比如有一次妈妈带着我在河坝上正好碰到在拾麦穗的爷爷，其实后来我还可以和他一起拾捡那些金色的太阳一般的锋芒，然后再和他一起慢慢地剥，把日光变得温馨绵长。

比如总是捧着不知道从哪里弄来的英语数学书的爷爷开始问我某个应该学过的内容时，我完全可以不用那种不耐烦的语气回答他，把动画片的声音调小一点儿，陪他说说话。

再比如我和姐姐去姥姥家的时候，姥姥总是会做很多好吃的饭菜，但爷爷每次夹菜都要接受姥姥生气的目光的洗礼，那时候我也完全可以替爷爷夹起好吃的菜肴，送到他的碗里……

可是没有一次我像现在设想的这样做了，所以我也只能固执地把思绪掏空，然后发现我所能记起的，都是无论如何也拼不成时光的旧碎回忆。

但我还在拾捡着，爷爷，就像唯一一次看你站在金黄色的麦田中拾捡麦穗时那样。

妈妈的温柔，像海水一样

爷　爷

潇湘子

　　屋子里没开灯，窗帘也拉着，我隐约能看见他靠在椅子上的轮廓。

　　"爷爷，吃饭了。"

　　没回应。

　　"爷爷？"我提高了音量。

　　还是没回应。

　　"爷爷！"我有点儿慌了，黑暗从四面涌过来。我想往前走，又本能地想往后退。

　　"嗯。"声音还没完全醒过来，那轮廓动起来了。我长出一口气，有点儿怪自己。想什么呢，不过是睡得沉些。

　　爷爷已经八十七岁了。身体还算健康，就是耳朵聋些，电视总是开很大的声音。

　　可是就算身体再好，他也还是老了，越来越需要人照顾，惹越来越多的麻烦，简直像个孩子，可又不太像，因为孩子的状况会越来越好，而他，却会越来越糟。

　　他总是坐在屋里看电视，坐在那张竹制的躺椅上，冬天了就铺床被子。每天上午下午各出去一趟，溜达溜达，和外面陌生的熟悉的老头们聊聊天。有时候天太冷或者太热，我劝他别出去，他总是摆摆手，径直地往外走，说如果停下了，可能就走不动了。

他总是会和我说起以前的老故事，说了一遍又一遍，每次都像头一次说，我也装作头一次听的样子，他高兴了，会多吃一碗饭。

每次要去别的城市上学，我都去跟他说一声"爷我走了"。他不管在做什么，都会出来，送我到门口。有时候走得早，我怕他还没醒，就想悄悄走，我爸总是让我去说一声，而且奇怪的是，那天不管多早，他都醒着。

我妈跟我说，每次我回家之前，提前好多天，他就开始打听，什么时候回来啊。什么时候回来啊。妈说有时候问得她都烦了。有次元旦头一天爷爷突然买了好多吃的回来，就放在客厅里。妈妈开始挺纳闷，后来才反应过来，爷爷以为我元旦会回来。

我记得小时候，他是个固执的老头，工资都去银行存了死期，然后过清苦的日子。他上过几年学，认识一些字。我常拿个小本子去他那屋让他教我写字。他从不烦我，把自己认识的字都教给了我。后来我上学了，认识的字渐渐比他多了，就很少去了。

高考的时候我没考好，整天在家呆着，不知所措，是找工作，上三本，还是复读。那时候住的还是平房，有一次听见一个老爷爷在门口和爷爷聊天，突然爷爷声音压得很低，不过可能因为他耳朵聋，声音还是能传进来。那个爷爷问我考得怎么样。爷爷让他小点儿声，没考上，不敢说，怕她哭。

难过突然从胃里往上蹿，堵在嗓子，憋出眼泪来。那一刻我就决定复读了。我希望明年的这个时候，爷爷能开心地告诉那些老爷爷们，我孙女儿考上好大学了。脸上的皱纹都随着笑颤啊颤。

奶奶在我三岁那年就去世了，我已经不记得她的样子。小学的时候姥姥走了，高中的时候姥爷也走了。我只剩下爷爷了。

爷爷的爱和爸妈不同。当爸妈关心我以后的人生轨迹该通向何处的时候，爷爷只是希望我开开心心的，不要哭。

你只需要一碗热汤

　　年少的时候，似乎有用不完的热情和力气，每天从起床到睡觉，我把所有零碎的时间都利用起来，反复听英文广播，对着屏幕模仿发音，摘抄了满满三大本笔记，一个又一个晚睡的夜里，都是在看英文电影。

　　那段日子算得上我高中生涯里最用功的时间，因为太渴望一个东西，所以就想拼命够到，如果伸手还差一段距离，就想跳起来再试试。

你只需要一碗热汤

惟 念

收到学姐的微信是在冬夜十点，我背着电脑和书本匆匆赶路，她在那头亲昵地喊我的小名，问我在做什么，最近的生活如何，有没有什么好玩的事情可以分享。

我冻僵的手指在屏幕上打出"快冻死在路上"，可发出的前一秒还是删掉了，换了一个笑脸，顿了顿才撒谎道："我挺好的，现在正躺在床上追美剧呢，晚上熬了骨头汤，觉得生活真美好。"

她很快回复了一段语音，点开来听是个醇厚的男声，对方也跟着喊我的小名，说学姐经常跟他提起我，十分想见见我，说他们俩的感情很稳定，现在开的英语学校也渐渐有了规模，每天都活得特别有劲儿。

我一下子反应过来，这个说话温柔的男生，正是学姐说了无数次的恋人，从前是新东方教育集团的优秀老师，后来两个人相恋，想有自己的事业，便双双辞职在太原办起了自己的学校。

走在冷风中的我，忽然被这份平淡的美好感动得鼻酸，在凛冽的风里想起和学姐初相遇的场景。

彼时我在读高二，一心想进校园广播站，大我一届的学姐是学校的红人，她每天下午都会用流利的美式英语播报新闻，其他各科成绩也都十分出色，人又长得高挑漂亮，自然是老师们心中的宠儿学生们口中的女神。

十七岁的我和学姐碰过几次面，却从不敢主动开口打招呼，尔后广播站恰好有一次选拔新播音员的活动，我信心满满地去参加，但第一轮就被淘汰了。不甘心的我在英语课上一直抹泪，老师看不下去了便答应再给我一次机会，前提是下个学期一定要有明显进步。就是这种感激不尽的情况下，我和学姐第一次正式见面，她听了我的发音后直皱眉头，面露难色地说这样子恐怕不行，我的口语不是差，是非常差。

沮丧的我慢慢转身，独自走开，眼泪像断线的珠子，整整流了一路。

年少的时候，似乎有用不完的热情和力气，每天从起床到睡觉，我把所有零碎的时间都利用起来，反复听英文广播，对着屏幕模仿发音，摘抄了满满三大本笔记，一个又一个晚睡的夜里，都是在看英文电影。

那段日子算得上我高中生涯里最用功的时间，因为太渴望一个东西，所以就想拼命够到，如果伸手还差一段距离，就想跳起来再试试。

事情的转机不经意间出现了，因了我的坚持，学姐对我的印象加分不少，用她的话来说，就是最初根本不会答应收我做播音员到逐渐能耐着性子听我读完一条新闻再到竖起大拇指。不仅是为了我日渐改善的发音，更是为了我身上的那股子倔强，不得到就不放弃的固执让人不忍心再拒绝。

大概她没想到，不经意的一句鼓励给了我多么大的勇气和力量，以致在后来我顺利通过选拔每天和她一起播新闻时，都觉得一切都像在做梦。

以前不相信这世界上真有让人废寝忘食的事，后来才意识到那是你没发现自己的兴趣所在，去做自己喜欢的事，会更快乐也容易取得成功。

一千多个日子过去了，我和学姐都从不同的大学毕业了，她幸运地遇到了灵魂伴侣，也有了自己的补习学校，每一次找我说话时总能带来好消息。

也是最近，我收到很多在读高中的读者妹妹的私信，她们用不同的话语表达了同一个意思，说羡慕我的生活，说看我发的状态都是跟长得好看的人吃好吃的，说我总充满着正能量，在做着喜欢的事情，觉得我无忧无虑。

屏幕这端的我，每回看到类似的话都觉得五味杂陈，是要看过一个人的很多侧面，才能拼凑出一个完整的她。

大概你们不知道我最忙碌时每天站着讲九个小时的课，扁桃体发炎化脓是常事，每天做PPT做得心烦，因为在几个校区之间来回穿梭，所以回家的时间多在晚上十点以后，不方便的交通，让我必须在下了公交车后走上半小时，即使是在12月的冬夜。也有深深疲惫的时刻，认为自己被榨干被掏空的瞬间，对着空白的文档号啕大哭，怕自己再写不出被你们喜欢的稿子。

一如此刻，结束了一天工作的我顶着寒风回到家里，室友已经熟睡了，我才有空打开电脑，写下心里的话给无数个未曾谋面的你们看。

我的亲人密友都在故乡，这个暂居的城市里几乎没有可以让我依靠的人，像是武侠小说里的浪客，徒有一腔孤勇相伴并自负盈亏，以一脸的坚定和执着做面具，从不在他人面前流露脆弱。因为相比于弱者的倾诉和哭泣，我更喜欢强者的骄傲和被仰望。

所以我从不羡慕任何人的生活，我知道学姐在创业的过程里也遇到过重重困难，但她向我传递的从来都是温暖的积极的一面，就像我也不会跟她说起工作有多累，一个人走夜路有多冷多孤独。

这个繁管急弦的世界，每个人都背负着沉重的压力，唯一能缓解现状的办法，就是力争上游，然后脱离困境。与其抱怨和停滞，不如做饮弹的动物，一路狂奔。

寒冷的冬季，你只需要一碗滚烫的热汤，一鼓作气地喝完后就要继续赶路，在滚滚浊世绝不把梦想交出，无论吃了多少苦。

梦想天空，淡蓝蓝蓝

杜克拉革

第一次在QQ上勾搭惟念时她问我，我的梦想是什么。

这个问题要是搁在小学无疑就是——我的梦想是当一名老师，因为"春蚕到死丝方尽，蜡炬成灰泪始干"之类的诗句背多了；要不就是当厨师，因为我从小就是个不折不扣的吃货；再或者就是在钱堆里生活，毕竟从小就被灌输太多"钱不是万能的，但没钱是万万不能的"诸如此类的思想，当然我也是个小财迷。到后来上了初中，每每到毕业季时有种叫同学录的玩意铺天盖地向你袭来，那时几乎所有同学都志同道合，在每一张同学录的"你的理想"一栏里潇洒填上：环游世界。当然我也不例外。搞得这真的是我的梦想似的。

然而，搁在此刻，我发现，我好像没有什么梦想，只是想按部就班生活。

看来我就是这么胸无大志。

所以我厚颜无耻地打着嘻哈跟惟念说我的梦想是成为淑女。但她好像没这么轻易放过我，她要我认真对待。

我想了几分钟，然后说，上大学。

看吧，连我自己都觉得是敷衍，连自己想上哪所大学都不能确定。

在勾搭惟念几个月前，有一个梦想至今在我脑海里根深蒂固——铅字梦。

说起这个，我必须感谢身为同学兼舍友兼博友最终因为关系太混乱而被我划为挚友的向阳妞。如果不是她跟我在三更半夜不睡觉握着手机激昂澎湃地码字、讨论这个那个作者的文写得如何如何，哪个编编最漂亮哪个最有眼缘，哪个作者在写文路上媳妇熬成婆的心酸史最为凄惨，斗志昂扬约好一起向文字道路进发……

如果不是她，我或许还不会知道原来还有个叫铅字梦的东西，也不会有一段时间无论何时何地只要有灵感手机在手我就开始码字。我曾在半夜码字，也曾在上我不喜欢的课时不怕死地写文。我记得有次躺在宿舍的床上拿着手机写《我们都是不一样的烟火》这篇文时写得差不多的时候后来一个翻身一不小心手机毫无预兆地从上铺掉了下去，"哐哐哐"分成了好几块，当时心都碎了！我码了一个晚上的文啊还没保存！因为不想放弃，只好凭着记忆重新码了那篇文。

我一向是个三分钟热度的人，那段为之疯狂的时光至今都还让我诧异不已，毕竟一直以来对旅游充满憧憬的我都不曾为了环游世界这个伟大的理想做出任何的行动。

现在想想，原来我不是那种空口说大话，也曾为了梦想如此crazy过的人。

继那次勾搭惟念过后，不知道是不是我脑洞大开明白也许不是一定要立志成为一名什么样的人才能称之为梦想，不是你时时刻刻强制性提醒自己所做的一切努力都是为了实现那个被你称为梦想的东西。梦想也许只是你以后想过的生活，它是一个你喜欢的融入你未来生活的东西，它不一定要全部占据你的生活不强制你也不限制你的快乐，但它牵引着你的手，让你在快乐中慢慢与它相遇，拥抱。

就像我如此喜欢摄影，但我不一定要成为摄影师。

就像我喜欢写文，但如果让我觉得只是一个负担而毫无快乐，我便不愿再次动笔。

我想，我有梦想了。

黄昏时分，夕阳还未完全褪下红妆，我安静地坐在一个以巧克力色为主打颜色的小书店的橱窗旁，手里捧着一本书，偶尔拿起桌上的咖啡抿一小口。鹅黄色的落地窗帘还未拉上，夕阳透过橱窗跳跃在书架上，好似在慢慢品味书本里的一切。

偶尔，背上简单的行囊，脖子上挂着一台单反，去看北国的白雪皑皑，去看江南小镇的流水潺潺。不是那个要环游世界的伟大理想，而是只想去涉足每一个我心生向往的地方，无论它是残缺不堪还是完美无瑕，仅此而已。

这不是我未来生活的全部，但这是我未来生活里想要的画面。

如果这都不算梦想，那么请原谅我依旧是个没有梦想有时还爱幻想的女孩儿。

只是，我的天空依旧淡蓝蓝蓝。

我要赚钱，买十条裙子

衔 猫

1

在上海呆了大半年，最大的长进就是吃辣不长痘。入学之初，每次跟舍友们出去胡吃海喝，她们点的都是"重辣""超级辣""变态辣"，我的"微辣"显得那么不合群。过个年回来，T厨娘附身，搞来锅碗瓢盆煮她家乡有名的螺蛳粉给我吃，我吃得汗流浃背感觉身上每寸皮肤都透着那股辣爽。最感动的是我吃完窝在椅子上听歌，她二话不说帮我把碗洗了。上学期她可是连一个鸡腿都不肯让给我，我人格魅力是不是大得有点儿过分了？

可就算有人给我煮面有人帮我洗碗，我还是比较喜欢喝广东的皮蛋瘦肉粥。然后我们就在周末的午后去菜市场逛了，她买了好多种颜色的米和豆还有一盒皮蛋，拎在手上沉得要死，阳光跟在我们身后，我心里觉得很高兴，感受到一种我们正在组建家庭的幸福。晚上我站在阳台给爸爸打电话，他突然变得话多起来，我怀疑他喝了酒，连天气都多聊了几句。通话时长是四分十七秒，印象中我们第一次聊那么久。为此我沾沾自喜，在洗澡房唱了好久的歌，不再质问到底是哪个混蛋发明了洗澡这种苦差事。

我曾经以为，我们这一辈子说电话都不会超过一分钟。

2

去年元旦那晚，我和T耸着肩膀走出宿舍，其实并不知道我们的目的地。但我不在乎，因为我口袋里塞满了巧克力，T累了饿了我就往她嘴里塞一颗。她是选择困难症，几乎不能做任何决定，好多次我都想把她锁在窗户外面让她纠结到天荒地老。我说，随便，哪辆车来了就上哪辆。偏偏我心血来潮跑马路对面买了盒口香糖，刚好错过了不期而至的南桥9路。于是我们上了海航线去了外滩。T问在哪个地铁口出，我说随便，看到出口就出呗。T问外滩怎么走，我说跟着人流走。本来在车上说好今晚要拍一百张照片，但随着我们一路大惊小怪地走下来手里堆满吃的，我就知道拍照这种事情来日方长了哦呵呵。

一整条街都有保安坐镇，气氛喧嚣又肃穆。路边的每一种小吃都浸着辛辣香气和温暖烟光，我吹着口哨，走得越来越快，在路过的每一个街头演唱者的琴盒里扔下几个钢镚。

直到我终于感觉到口袋一下轻了起来，我伸手进去，只摸得到一管凉凉的东西，我意识到，完了。我的手机不见了。

我的第一想法居然是，还好，我的口红还在。

3

虽然好多次我都想摔了这破手机，在每个它让我抓狂的时刻。我居然才意识到，这怎么可能只是一台手机。它关联了太多东西，里面太多回忆与记录。不会有太多人记得，我扎着马尾穿着校服的样子。

为什么以前没意识到呢，以前手机坏了就是坏了，就像是过夜的剩菜馊了，感觉有点儿可惜也没有什么大不了。我一直没有上传照片的习惯，天啊怪不得我都没有我初高中的照片。

在冰淇淋店舔着巧克力圣代的时候，T用一种诡异的表情跟我说，这是命中注定的。

像被诅咒一般，以往每次过年T都会丢一部手机。她走在街上不止十次低头看自己的手机是否还在，却没想到诅咒也是可以被转移的。她一脸内疚欲言又止的样子，我说，偷我的也好，你的手机比我的贵两三倍呢，也算赚到啦。

你猜怎么着？

就是在那一晚，我们在外滩碰到两个外国帅哥，我说，I just can say a little English……磕磕绊绊聊了好久，很奇怪，迎面走过来的每一群"歪果仁"好像都是他们的朋友，海风实在太冷了，我跑过去拥抱穿着粗线毛衣的那一个。我们拐进一家音乐酒吧喝了两杯，走的时候他追出来说一起拍个照吧，我再三强调，说晚些我就一定把照片传给你。临近零点，QQ、微信都炸了起来，但当时挤在人流里都无暇顾及。我说了很多这样的话：迟些我回给你。

谁知道没有迟些，手机连同答应要传出去的照片，失踪于外滩的街角深处。

4

上个冬天，我跑去染了头烟灰色的短发。过了几天又跑去把头发剪短。走在校园里，我知道很多人在看我。但我不在乎，我在乎的是，这下一瓶洗发水够我用一学期了。

现在烟灰褪成珍珠白，新的黑发又慢慢长了出来，我的头发开始显得有点儿不伦不类。我甚至开始嫉妒街上每一个扎着马尾的姑娘，但还是很高兴自己剪过这一头短发。好多人问我，为什么染这个颜色。我每次都说，因为我喜欢啊。除此之外，我想不出任何一个其他的理由。

很多人会用勇敢来形容我，一个人跑来上海，说染就染成烟灰，说剪就剪短发，一个人留在这里打工，还有抽烟啊不穿bra就出门等乱七八糟的细节习惯……那些并不是我深思熟虑然后顶着巨大世俗压力做出的决定，勇敢是有内在抗衡，我没有。就像你在一个寒冷的冬夜突然想吃冰淇淋，一点点突兀，但真的没什么大不了的。

是，冬天吃冰淇淋容易感冒，但我高兴。我是说，我很高兴我做了自己喜欢的事。再说了，我还觉得自己感冒的鼻音有点儿小性感呢。

5

不知道什么时候起，可能看了某本书某部电影听了某首歌也可能是看的所有书所有电影所产生的质变，我产生了一种自动去标签化的念头。

包括我身边很多朋友，都会自带这样一种印象：一个抽烟喝酒的女孩儿肯定很喜欢玩，染那么夸张的头发肯定是个非主流吧，她那么爱看书就是个死宅，搭讪那么熟练肯定是个花花公子，她那么大方家里肯定很有钱，年纪轻轻就开宝马了不是小三就是二奶……有段时间大家都蛮喜欢用"我过了看脸的年纪了……""我过了耳听爱情的年纪了……"这类句式，我大概很早之前就过了看到烟就想到叛逆，看到穿衣暴露就想到尺度大，看到帅哥就想谈恋爱的年纪。

烟就是烟。衣服就是衣服。帅哥就是帅哥。

稍微多聊一会儿，别人都会说我天真。

现实残酷，醋米油盐，吃喝拉撒，谁不知道？完全不值得一提。又不是提多两回你就有房有车了。

谁不想天真多一会儿？但大家都认为天真不起了。你要么有强大的经济物质支撑，要么在丰富的精神世界梦游。大多数问题都只是选择取舍，幸好我天生不纠结。

6

那天我在一个朋友的空间看到一段话，她曾经也是《中学生博览》的作者，现在在学化妆和摄影。我们不常问候，但在往上爬的征途中，若出现个小高潮会忍不住跟对方炫耀一番。

"有时候真不理解。

"为什么大冬天要穿露出脚踝的鞋子。

"为什么手干燥得裂口了还是懒得擦手霜。

"为什么刚弄丢手机又当机立断买了苹果。

"为什么明明三百块可以买一身足够御寒的衣服却选择只用来买一双鞋。

"有时心疼你受的伤害，有时又觉得你真是活该。有时觉得你特立独行真有勇气，有时候又觉得你偏执轻狂愚蠢至极。

"和你比起来，我就是那种很俗很平庸的人。我只有温饱不愁的时候才会享受，只有兜里揣着足够的钱才会去试那些昂贵的衣服，只有把握十足才敢去尝试那些没做过的事，只有知道不会输才敢去赌。

"和你比起来，我真是活得又懦弱又谨慎。我没有想要努力让自己过得有多好没想要拥有太多奢侈的东西，我就想在我饿的时候吃得起一碗面，困的时候有一张柔软的床，冬天有棉服和靴子，夏天有裙子和高跟鞋。"

这段时间好多次我闯进别人的空间看到他们在很久之前写的有关于我的片段，由我引起的快乐和愤怒。也是最近我才知道，原来在很多人的眼里，我是那个幸运到令人讨厌的家伙。我才不会说，谁都有过一卡车的那些艰难时刻。我就是宁愿所有人以为，我就是幸运，我光靠卖萌耍酷就能获得挥霍人生的资本。直到我自己也相信。

反正这个世界是讲筹码的吧，有的人想持平，我只想尽兴。更多时候，不是我有钱了所以去买一管贵得要死的口红，而是我太喜欢那管口红得不到它我会死，所以我努力让自己有钱到能负担起它的价格。知道我这几天为什么玩命熬夜写稿吗？春天就要来了，猫要发春，我要赚钱，买十条裙子。

7

高中的时候，我曾经换手机号码长达一年不告诉我妈，就因为我很烦她的唠叨。但我现在每周都打一个电话给她，告诉她我这里的天气我晚餐吃了什么提醒她打电话给老爸。

这是我来上海后自动形成的习惯，也许出于某种内疚，也许是我长大了懂事了，也许是我办了学生业务国内通话免费。

他们几乎是歇斯底里地拷问我，为什么一定要去上海？

周末可以去喜欢的作家的签售会，电视版《小时代》的校园取景地就是我的学校，擦肩而过的路人看着我的头发说"it's cool, really"，冬天适合戴红色帽子和灰色围巾。以上这些，可能就是我想来这座城市的理由。很久之前，我就想出了官方答案，因为这里是张爱玲的上海。

我很喜欢福州路两排光秃秃的树，也很喜欢南京东路高大的法式建筑。不过我早就说过了吧，我最喜欢的是二十四小时便利店。

不知道为什么，凌晨走在街头看到的都是外国人的面孔，有喝醉的人站在马路中央唱歌。

我希望你们不要只注意我剪了什么头发打了几个耳洞看了有少儿不宜镜头的电影，即使在我最不懂事最混蛋的时候，依然是一股向上的欲望在支撑着我去生活：想看到更多，想自由些。如果还有别的可能，凭什么我不可以。希望给别人带来快乐。

如果以此为标准定义，我一直都是个好姑娘，是不是？

你只需要一碗热汤

这雨下得很开心

米 程

有些事总觉得需要一个结局。就像，这学期的最后一节选修课，总得去露一下脸吧。这学期迫不得已逃过几次课，最后悔逃的就是选修课——中国现代经典作品选读。即便当初，课程是赶鸭子上架随意选的——说是随意其实也带着一点儿兴趣，心里想着再不济就当长长知识。

一直听说码字是很辛苦的活儿，我自己却没怎么经历过，最多只是熬过几次夜以及故事写出来后有点儿被榨干的感觉。我常写的是短篇，因而更多的是写完后的轻松和幸福。第一次意识到码字辛苦是因我的舍友小烯。

她在某网站连载古文小说，每天六千字以上的更新，一个月的保底工资真的不高。为了码字，她放弃了很多。有一回她填着一个坑，还新开了一个坑。整整一个学期，每天从不断更，忙着填坑。每天都可以看到她坐在床上敲字，有时候出去参加活动，她会在晚上补写到夜深。记得期末复习周时，早上她一起床，刷牙洗脸后就把电脑搬上床，开始工作。我们叫她一起吃饭，她都推辞说待会儿。一直到中午十二点双手在键盘上跳跃就没停过。实在饿得不行了，她才大呼好饿，跑下床搜出好久不吃的泡面，一边吃，一边码字。她的长篇不是普通的三四十万字，而是在我看来可望页不可即的上百万字。

但，她一直嘻嘻哈哈地学习、码字，以及和我们疯玩。当然，疯玩只是一学期一两次的节奏。最重要的是，小烯给了我们很多无言的力量，对理想的坚持，爱生活的所有。

我在凛冬出生。

今年生日，阳光好得不像话。一大早被一杯奶茶和一个蛋糕叫醒。和他认识八年了，从懵懂的初中一年级，到现在，一直断断续续地联系着。每年生日，他都会发送几句很简单的祝福，我也很简单地回复一句谢谢。老同学的感情是深深地积淀在心海里的，很美，却不可言喻。

和舍友玩真心话大冒险，我输了，我选了大冒险，打电话给异性朋友说一句"我喜欢你"。我犹豫不决，请求舍友"宽容处理"。我打电话给他，他正在上自习，让我等一会儿。他偷偷跑出来，问我什么事。外面下着大雨，洗刷着大地上的一切。我一时语塞，舍友们在一旁使劲儿起哄，催促我开口说话。

"生日快乐。"我故作镇定地对他说。

手机另一边的他有些惊讶，但更多的时候是在笑。

刚好是他生日。他的生日帮我完成了一个大冒险。

2016年1月1日，他这个优质男生正式脱单了。女生是我们的同乡师妹。

12月30日是我的生日，2015年倒数第二天。早晨七点，他乐呵呵地打我电话，让我在宿舍等他。不一会儿叫我下楼，我或许永远不会忘记那个画面，阳光下他带着傻乎乎的笑容一步一步走过来。

那一刻，我们正式和解了。

去年他的生日，在那句"生日快乐"的后面，我还说了一句话，我鼓起了一万分勇气跟他告白了。

不过很惨的是，停顿半晌的他，觉得我们还是适合做朋友。

所以这只是大冒险。

为此我躲了他很久。

"原来如此，猪，你够了啊，把我们蒙在鼓里，都一年多了。"舍友小驴难以置信。

"猪，你这演的啥单恋的故事啊。走，带你拆了他们。"小烯补一句。

"怪不得有一段时间你一直睡，一直睡。原来……"看来，舍友一个个要唯我是问了，我赶紧逃去上课。

最后一节选修课，我坐在最后一排。老师说："但，我依旧相信爱情。所以，我希望你们也相信爱情！"说完他就赶去市里开会了。

浪漫过后，生活依旧继续。走出教室，发现下雨了，滴答滴答，这雨下得好开心啊！

那，我也依旧相信爱情。

爱好和坚持，终能带你到想去的地方

亚小诗

　　漫长又慵懒的暑假开始了，又有一大波学生朋友可以背上行囊去寻找诗和远方。作为一个再无暑假的工作狗，突然很想写一写自己大学期间积攒旅费的经历。

　　大学四年，我去过三个国家和十来个省份旅行，虽然去的都不是什么了不起的地方，但是，旅行的每一分钱都是靠自己的双手挣来的，希望这一篇算不上干货的碎碎念文章，可以给向往远方但又余额不足的你一些帮助，或者，打一点点鸡血也好。

　　曾经在北岛的《青灯》里读到一句话："一个人行走的范围，就是他的世界。"当时特别喜欢这句话，也特别想让自己的世界可以大一点儿。

　　但是作为一只余额不足的学生狗啊，一想到诗和远方，我的钱包就开始慌张。怎么办呢？不想跟家里开口要钱，更不想欠债，那就只好自己去挣钱啰。

　　大学期间，我挣钱的途径主要有两个，一是兼职，二是写稿。

　　兼职的话，当过助理导游和辅导班老师。当导游的时候在高速路口独自搭过车，当老师的时候在三尺讲台被学生气得流过泪。这两段经历都没有特别长久，收入也较为微薄，但学到了不少东西，也提前体验到了成人世界的不易。

写稿是我大学四年的主要经济来源，在那个公众号还没兴起的时期，我写稿只有两种收入途径，一种是稿酬，一种是奖金。

稿酬的话，杂志为主，被选入文集算是偶尔的锦上添花。

杂志的交稿期一般都在月底，每个月的月底我都过得惨不忍睹，要上课，还要给好几本杂志交稿，像一天打了两份工，熬起夜来也是没个头。

但杂志有杂志的好，尤其是名气大一些的杂志，发表的文章很容易被其他杂志转载，有的文章热度高，甚至能被十几本杂志转载，而每一次转载，都会有稿费。

许多转载类的杂志，如果作者不主动联系，稿费的事就会糊弄过去。我反正脸皮厚，没事就去报刊亭、去图书馆翻杂志找自己的名字，还去一些期刊网站搜自己的文章名，经常有新的转载收获。

然后我记下一堆电话号码，开启客服般的电话讨债模式，人家一般都会给，虽然有的钱真的很少很少，但再少也是钱呀，买不了一张远行的机票，能买几公里路程也不错。

大学毕业的时候，我用超市里装饼干的那种纸箱，寄了整箱杂志回家，有二十多斤，打包的快递大叔说："什么杂志这么好看？毕业了还寄回家，邮费都比杂志本身贵吧？"我说："嗯，挺好看的，都是我写的。"

至于奖金收入，说起来有些不好意思，它并没有听起来那么高端。

我那段时间为了攒旅行路费，简直化身小财迷，参加了一些稀奇古怪的文学赛，某某酒业的品牌故事大赛、某某景点的文化名人大赛，听名字就知道多无聊多冷门，所以，这种小比赛的奖金好赚，认真地做点儿功课，得个名次还是不难的。

有时怕被熟人发现略丢脸，我还给自己取了别的笔名，哈哈，具体叫什么我就不说了，毕竟每个奖项听起来都像一段黑历史。

虽然攒钱的过程回想起来偶有辛酸，但每次出去玩，真的都好开心啊。

我在与世隔绝的岛屿静候过日出和日落；我在飞机上鸟瞰过世界上最高的山峰；我骑着大象穿越过动画片般的原始森林；我乘着滑翔伞飞跃过油画般的山川河流……

我也不知道旅行的意义是什么，只是想去远方看一看而已，大概就是杨丽萍老师所说的"当一次生命的旁观者"吧，去看一棵树怎么生长，河水怎么流，白云怎么飘，甘露怎么凝结，花儿怎么开。

现在的我，虽然想起诗和远方，心里还是忍不住会泛起波澜，但是，我不会再感到慌张了，因为在我最想看远方的年纪，我靠自己的双手，让自己不慌不忙地去看了。接下来的日子，我要当一个不动声色的大人了，旅行也许再也不会成为我的终极梦想，但我一直会记得大学时那个默默积攒旅费的自己，那个夸张又可爱的小财迷，她去到了她想去的远方，我也活在我珍惜的当下，我们都是快乐的。

155

希望每一个向往诗和远方的你，都不要慌张，爱好和坚持终能带你到想去的地方。

祝理想主义者不朽

凌波漫步

　　我向来不怎么喜欢小四的文字，矫情悲剧得可怕。可是我还是翻来覆去地看了好几遍那本从地摊上收集回来的由他主编的小说集——《最后我们留给世界的》。

　　一如他们所写，最后留给世界的不外乎是遗产、嘱咐或许还有能流芳千古的文字。那是他、她们曾经存在于这个时代的印记。那么我呢？留下的只是我苍白无力的十七八岁里东拼西凑的寥寥数语还是我菲薄人生里以为可以千秋万代的虚构城堡？

　　刚看到围子姐发过来通知我过了初审的邮件时，我正被即将到来的学业水平测试折磨得死去活来，不期而至的惊喜就像天上掉馅饼那样把我喜得不知所措。

　　于是我拿着手机一路大声嚷嚷着从6005跑到6007，去给孙荪看，给她看我过初审的信息，给她看我得到了她一直想得到的东西。

　　孙荪是文科班的尖子生。中途加入文学社后她是第一个和我说话，第一个陪我吃饭的人。"木落，木落。"孙荪总爱这样称呼我，她知道我的尴尬明白我的不痛快。当初执意加入时就该知道会面对怎样的后果，除了班主任冷嘲热讽还有文学社里名不正言不顺的身份。

　　我不想为自己做辩解可事实就是这样，你面无表情她们就怪你不懂人情，你沉默少言她们就认为你孤傲难处，名不正言不顺越发不正不顺。在退社以后回忆起来在陌生的文学社里，唯有那么一个瘦弱的身影，似乎能为我遮风挡雨，又或许，替我遮风挡雨的是那些和我志同道合的盟友用文字浇筑起来的属于我们的家，我不熟悉它，可我爱它。

孙荪是创作部的才女。"我们拥抱着就能取暖，我们依偎着就能生存，即使在冰天雪地的人间遗失身份"，孙荪给我唱过"哥哥"的《取暖》，有人说过我和她相似得可怕，可是距离只有我懂。

校刊里排版页数相邻的《踏上一个人的年少路》和《路途》，风格迥异大不相同。出刊以后所有人都在讨论孙荪是谁，还有人一针见血地指出我的缺点，太幼稚不真实。于是完美无瑕的《踏上》和弊端点点的《路途》成了正反两面的对比，而我是那千唾万嫌的反面。

我一直认为我们之间有共通点，于是我铆足劲儿一步一个脚印地朝着她的方向匍匐前进，我想追上她我想超过她。

于是在我以为自己得了胜利的往后两三天，孙荪满是兴奋地给我截了图，那是春艳姐的过稿信息。

阿凌对我说过，我总是活在自己的世界里，这一次也不例外。我在里里外外都只有一个人的战争里孤军独斗那么久，最后只得到弃甲曳兵的结果。我留给十七岁的自己，只有一张不服气不甘心的脸。

"有些事情不谈是个结，谈开是个疤。"这是吖的签名。

从吖毅然决然地抛下大妈独自一人搬出宿舍后，宿舍里开始弥漫着一股叫做冷战的氛围。熙熙攘攘的十四个人竟然一声不出，连我和你也一样。

大概是从什么时候起，我们的矛盾越积越多？

你说你不想吃饭，于是我们兵分两路；你说你要午睡，于是我们挥手再见；你说你要下自修立马回宿舍，于是那条只剩路灯的橙黄校道错开两个落单的身影……

我们之间这种岌岌可危的关系距离爆发只剩一条导火线。

当我满脸幽怨地朝你抱怨我辛苦打了三天的稿子因为邮箱更新全

丢了而你还在一旁幸灾乐祸地嘲笑我活该的时候，我就这么一言不发地回了座位，我开始不喜欢你了。虽然知道互掐是我们之间常有的事，可是掐着掐着我那闪着星星点点的梦想似乎被你掐灭了。这是我们第一次在梦想上互掐，后果严重得出乎意料。

我们开始冷战。我在想等你先开口和我道歉我就原谅你我们就和好如初，到后来只要你先开口不用给我道歉我们也和好如初。可你始终没有。于是早上我算好时间，等你一准备刷牙我就出门，中午等你找我吃饭时我就早早去厕所躲着你一直到你自己去吃饭。

我在等着你不满生气跑过来质问我，然后温言细语地保证以后再也不嘲笑我的梦想。

那种刻意太刻意，她们笑着问我们怎么了，你说我们到底怎么了呢？我想了很久。

友而不亲，君子之交淡如水，不深交不浅谈。这是我为人的理想状态。在那篇描写你们的文章里，我有写过，"我是一个要远走高飞的人，带不走什么也留不下什么，只是很庆幸有你们的陪伴"。

"嗯，相见不如怀念，就这样吧。"

从厕所里甩着手出来的时候，阿凌迎面走了过来。

阿凌是我喜欢了整整两年的隔壁班的男生。像所有从漫画里走出的男生一样，喜欢穿白色衣服配蓝色牛仔裤，有着干净好看的侧脸和优秀的成绩。

我躲在一场盛大无声的暗恋里，用自己不多的修饰词把所有的美好赋予了他，我是他世界不存在里最大的存在。

可是我的暗恋人尽皆知。她们相信空穴来风往往不会没有依据，于是每一次阿凌走过我班教室，他们就起哄，好死不死我竟然还朝他红着脸绽了一个被称之为"羞涩"的微笑。然后阿凌为我的回眸一笑倾心于是准备与我携手学习共同创造一片属于我们的美好未来。以上纯属想象，如有雷同，请放心忽略。

像阿凌那么优秀的男神心里怎么可能不住着一个人。听隔壁班的同学说，阿凌心里住了一个暂时不可能的人，那女生说只要阿凌努力学习将来有前途了他们就在一起，而那期限是十年，于是阿凌真的开始很努力很努力。

他和我说这些的时候一脸担心地看着我不语："凌波，你不要伤心了，天涯何处无芳草呢。"我只是盯着被涛哥扔上风扇里下不来的小强发呆。

事情还朝着更糟的方向发展。阿凌再也没有从我们班走过，他宁愿多跑两层楼梯也不愿出现在我眼里。我装作不知道，可是所有人都以一种怜悯的眼神盯着我，我的失恋一下子从一人的事情扩大到所有人的事情，甚至连老师也偶尔跑来安慰我。

后来我决定洗心革面重新做人好好学习天天向上。我把所有关注阿凌的心思全部放在了学习上，逼着自己背单词写习题，成绩一点一滴地慢慢龟速前进。在期中考试时像被他们描绘的那样，我的脑子突然灵光一闪，提笔奋书，数学成绩有多好我不怎么留意，等到同学拉着我去看红榜的时候才赫然发现自己的名字光明正大地排在你的后面。

你的名列前茅出类拔萃是众所周知的。于是我的偶尔一次挤进前十，成了"凌波为了让自己可以光明正大名正言顺地排在阿凌后面竟然发奋学习最后还梦想成真"的事实。

那么事实呢？

从厕所里甩着手出来的时候，阿凌迎面走了过来。

"嘿，你就是凌波吧。听说你喜欢我哦，那么就这样吧，以对方为目标我们都要奋力追赶哦。"

这就是事实，我青涩的暗恋没有被开始也没有被结束，它以另一种身份促使我明确自己的目标梦想并朝它一步一步前进。

"我们都会有更好的未来。"这是阿凌留给我的信，也将成为我整个高中最好的信念。

我有我的骄傲倔强，你有你的自信美好。

　　在那个我以为只是惨淡无色的世界，能够给未来的自己留下的，似乎就只有这东拼西凑不完美的现在。

　　像他们所说的那样，最后祝理想主义者不朽。

慌乱时期的青春

郁 笙

老班依旧在讲台上喋喋不休，数落着我们的朽木不可雕。我撑着快要相亲相爱的眼皮，继续在练习册中垂死挣扎。前桌的小S黝黑的脸被热出了高原红，顶着一副好好学生的样子坐得端正，我懒得揭穿他的眼神已经出卖了他，飘忽在桌下的漫画魂不守舍。同桌的胳膊压着语文书，一手提笔飞快地写着同学录。

昨天偶然碰到了W，我有些惊讶，分班后我们就很少碰到了，隔着一层楼的距离，两颗心却慢慢有了隔阂。

她眼睛里一闪即逝的疏离被我不经意捕捉到。然后是有些不自然的寒暄："嗨！你最近好吗？""没死掉算很好。三天一小考五天一大考的，毕业考快把脑细胞折磨得死去活来。"我的玩笑得到了她冷淡的回应："是啊，毕业考就是这么紧张呢！"然后，然后就没话说了。我打破了这种无形的尴尬："快上课了，那我就先上去了。""嗯，再见。"我快要上楼的时候她突然叫住我，有些迟疑地说："Y，好好考，加油。"我心情有些复杂地牵起嘴角："好，一起加油。"

她没有再像以前一样喊我昵称，我们见面再打招呼竟然会迟疑，我们也不会遇见谁都送上一个拥抱了。那些相伴至天涯的誓言，随着秋天的落叶一起飘散如烟。那些曾经说永远不会离开的人，不知不觉也已经走出了我的视线。

听筱筱说，晴晴有男朋友了。我只当她是闹着玩的，可看到晴晴和她男朋友出双成对的时候我瞳孔还是紧缩了一下。毕业考临近，晴晴沉溺在小心翼翼维护起来的感情里不可自拔。我认真劝她："晴晴，现在不是谈朋友的时候……"晴晴眸中的不屑刺痛了我："Y，你有什么资格说我呢？你并不懂我。年少时的第一场表白我应该好好珍惜，我也就想体会一下堕落的快乐，不然就浪费了这大好青春。"

听着晴晴说出"你并不懂我"的时候，我的心像是有悲伤的秋千一荡而过。晴晴，我们不是最亲密的朋友吗？为什么你在我把一颗真心交付的时候泼我一头冷水，在我以为已经走进你的世界时却冷冰冰地将我拒之门外。

我有些惶恐地发觉，虽然我认为别人的生活荒唐可笑，但我自己的青春还不是一塌糊涂，一样被漫天飞舞的白卷和唉声叹气在心上勾勒出深深浅浅的轨迹。

你有被麻木缠绕的感受吗？就好比沉甸甸的悲伤落在瘦弱的肩膀，压抑得透不过气来。你有在被否定的瞬间心灰意冷吗？我就是生活在别人光环的阴影下的小透明。

只是虽然表面上毫不在乎，内心还是不知所措地慌张。妈妈面对我这样放纵自己的行为摇头叹息，她用沉重的语气告诉我："你整天写那些无病呻吟的东西有什么用？你别跟我提梦想，对于我来说你的梦想不值一提！你现在的当务之急是把落下的功课补上来，争取能考到好一点儿的学校。你还有功课要顾及，我不希望你口口声声说的梦想成了你学习的绊脚石！"我沉默着，无力反驳。

妈妈说得对，别人都在努力，你有什么资格说放弃？

只是，你以为我不曾感到悲伤吗？我被层层似茧的茫然包裹着，我不想面对离别，时间躲在暗处嘲笑我的幼稚和无知。你以为我没想过放弃吗？如此繁重的压力我都咬着牙承受下来了。你知道我在深夜里偷偷地哭泣就因为同学的一句讥讽还有老师恨铁不成钢的眼神吗？可就是因为这样，才不能放弃自己，才要更加努力。

不经意想起的一些人、一些事，我虽不情愿承认，却也后知后觉，我们之间就算没有距离，总有一天也会分道扬镳。

　　见我悬崖勒马，妈妈在我做功课时照常端来一杯绿茶，这次缓和了语气："妈妈不是反对你追求梦想，但现在还是要以学习为重，知道吗？你以后就会理解妈妈的良苦用心了。"我眼眉低垂，嗯了一声。妈妈很欣慰地走出了房间。我浅浅喝了一口茶，灼热也温柔。

　　在我敲下这些文字的同时，耳机里的歌一直循环，莫名地唱进我心坎里。"有时掉进黑洞，有时爬上彩虹……"

你只需要一碗热汤

女 神 难 当

洪夜寂

阿娇告诉我她月考化学又惨败的时候，我正在大口大口地咬着苹果，看到她的信息，脑子里热劲儿上来，回了一句："我在吃苹果，咱俩一人咬一口。"

过了一会儿，她竟回了句："好。"然后发来一张缺了一角的苹果的图片。

阿娇果真懂我，就像我了解她一样，言语对我们来说都太过脆弱，作为一枚标准学渣我也不知该如何安慰她。

新二中坐落于山南，阿娇在实验班，这是个不知多少人削尖脑袋也要挤进去的"皇家圣地"，她却觉得犹如一座牢笼般紧锁着她。

阿娇是一只鸟，她是要飞到外面去看这个世界的，怎么甘心待在井底做只高冷的蛙。

我和她相识五年，她一直是个大学霸，是我父母口中赞不绝口的别人家的孩子。可她常会告诉我优秀惯了的人真心好累。

我和阿娇之间有股说不清的默契。我们都喜欢顾漫，爱喝特仑苏，喜欢在夏天穿帆布鞋，喜欢光着脚丫坐在阳台晒太阳，呼喊着对男神钟汉良至死不渝。我们都对苏有朋版的《倚天屠龙记》印象极佳并时常学着小昭凄凄楚楚地互喊那句"张公子"。

所谓"愿得一知己，自此惺惺惜。"大抵也就如此吧。

我俩是初中同学，起初不过是点头之交，后来机缘巧合成为同桌，得以熟络。由于个性相像臭味相投，关系就好得得了。我们在一起最大的乐趣就是互黑，她最擅长揶揄我说："你这个笨蛋怎么学得好数学？"我就在空间里转那些猪头二货的图片@她，故意把她的网名暴露出来直接秒杀她于无形。当然她也会赞我发的每条说说并坚持转载评论，或者在我放不下胆子做事时义正辞严地告诉我："你有时候就是想太多"。

我想这就是中国式好闺密，在我掉进冰湖时她会一把拉我上来然后把我骂得狗血淋头。

我被武侠小说洗脑，白日做梦想成为一个豪气万丈的大女侠，始终坚信那句"有人的地方就是江湖"。我认定咱俩是肝胆相照，江湖人士说最多的不过一个"义"字，于是我对她说得最多的一个词就是义薄云天。当然我也会拍着胸脯说："为了兄弟两肋插刀是我的职责。"

后来在初中同学录上她写到对我的评价，原话是，"一个单蠢犯二的江湖小骗子"，在我犀利的目光下终于不得已改成了"风风火火闯江湖的萌系女侠"，这也是当时我在玩的一款网游的人物名称。我知道她没必要填那个同学录，对我们来说其实不过一张纸而已。都是一起拼搏闯天下的人，是根本不需要说加油的。

阿娇是个很爱自省的人，这点我一直知道。她总爱隔三岔五地叫我指出她的缺点并鼓励我指责她的不足，好脾气的她无论我说了什么都不会生气，反而在撞上我眼底的泪水时把我搂得更紧。在外她总是洋溢着女神光辉像极了电影里的黄衫女子，在我心里她永远只是个拥有丰富情绪的小姑娘。我喜欢这样毫无保留的真诚的她。

在我十七岁人生最低谷的一段日子，脾气暴躁不受控制，言语之激烈竟也伤害了许多身边的人，是她一直陪在我身边从未远离。不知那个连我自己都厌恶的我她是如何忍受过来的，只记得那个站在我前面的人一直都向我伸着手。

我不是个善于表达感情的人，说话笨拙自己又意识不到，有些心里话自然也不爱和父母袒露，这时候阿娇就成了我的"垃圾桶"，据统计我们曾破过四个小时的电话记录，后来也是手机从满格到自动关机我才悻悻然地把它扔到一边。阿娇是个很好的倾听者，我诉说时她便安安静静地听也不插话，待我倒尽了苦水她便开始支些管用的招儿，正是由于理解能力强及情商超高她顺理成章成为我难过时候第一个想到的人，成功取代父母的位置并稳坐宝座。

我和她写信发短信打电话，深夜里可着劲儿嘚瑟炫耀发牢骚，用尽了各种方式，我一直谨记着她常说的那句话，一颗骰子有六个面便是六种希望，所以无论遇到多人的坎儿都要咬紧牙关走下去。

当然阿娇不是圣人，她说的话也并不是句句都好听，但我始终明白这一点，很多时候苦口的才是良药，逆耳的才是忠言。

我性格表面不温不火，骨子里犟得像头牛，真正发起火来就是最难劝的驴脾气，不知怎的只要她轻易几句话就能让我动容，不知不觉竟也能使理智归位，同理可证，我的三言两语肺腑真情她自然也会很受用。

读过洪夜宸文字的人都知道，她笔下有个出神入化变幻莫测的女子名唤阿娇，她热爱宫崎骏的动漫，懂得生活的艺术，能把《小王子》倒背如流，当然画画水平也是极高的。

再多的形容词也无法彻底描述一个人，就像阿娇，说到底她也不过是个孩子。

现在的阿娇在二中理科实验班被各路大神压榨；她独自忍受从女神到女神经的巨大落差；她默默承受着毒蛇同桌的评价；她从年级前五十掉到三百名也不能自怨自艾；她因为早恋一次次被找家长被赶出家门哭得眼睛红肿，清晨从被窝里爬出来继续举着双臂高呼要做"太阳女神"；她分分钟都在倒数距离高考结束的日子，她如今只能在困境中调整自己期许着明天更好。

每个人都在困顿中徘徊过迷茫过，都会有那种暗无天日找不到方向的彷徨，这个阳光般明媚的女孩儿自然也逃脱不掉，不过我心里坚信她会成为一个风风火火闯江湖的女侠。

现在我们之间隔着几座山的距离，阿娇喜欢的那个人我并不知晓。我记得我也曾问过他到底哪里好，她笑得甜腻，对我说，就像小时候明知换牙的时候吃糖会长蛀牙危害一辈子，可还是忍不住要偷吃，因为味道是真的甜到心坎去了。

然后我对她说："那我一定要见见他。我等你们结婚。"

阿娇笑着说好，她说一定会有这么一天即使没有人相信他们会有未来。

后来我请她吃了一颗糖，我希望很多年以后在她的婚宴上我能够捧着花盛装出席，见证她最幸福的时刻。阿娇到底是多愁善感，吸了吸鼻子对我说："小丫头，你结婚敢不喊我你就死定了哦。你是最美的新娘我便是最美的伴娘。"

我眨着眼睛看她，笑着答应。

当然，上文我也说了，我并不擅长甜言蜜语。迄今为止，我对阿娇说得最甜的一句话就是："你是我的女神。"

很久以后我一直在想，当时我是不是吃蜂蜜过后忘了擦嘴。

167

你只需要一碗热汤